U0070914

要達致老莊的道無、佛陀的空寂，則必須回歸人類心性的本源。

宇宙心論

黃鶴昇——著

目次

一、導言

自蘇格拉底以降，辦證哲學開始風行於希臘雅典。人們以思辨為能事，相信真理會越辯越明。後經柏拉圖創立的理想國，哲學與思辨的形而上學就很難分開了。所謂的哲學思辨，其實就是形而上學的思辨。到了亞里士多德創立的邏輯學，就為哲學的思維奠定了模式。哲學家們從探索世界的本源開始，追尋人類存在的根源。於是便產生思索，但思索不可能是盲目性的，它必須有一套思維的方式。這樣，邏輯學就產生了。自亞里士多德規劃出第一哲學的認識範疇開始，哲學家們就熱衷於主客體兩分法的「邏各斯」（roges）。從認識論到觀念論，都遺傳著蘇格拉底辯證法的基因。唯物論與唯心論的紛爭，也是建立在辯證法理論基礎之上的。

因為宇宙世界的無限性，就是說，空間、時間的無限性以及物自體的不可知，哲學，這個形而上學，它關於世界觀最一般的學問，也就必然是形而上學的辦證。有人說，唯物論是實在論，它是形而下的，並沒有上昇到抽象的形而上，根本談不上什麼辦證。其實，唯物論表面上是就物質而論，看起來很實在，但其要追究物質的起源及根由，它必然要運用邏輯的三段論來推出一個結果。這個假設的命題歸根到底是形而上的，與唯心論推出最高的善的邏輯方式沒有什麼兩樣。即用一種想像意識去包羅前意識，這中間搭建一個邏輯橋樑來保證結果（目的）的正確性。如我們講的因果律：有果必有因，有張三存在這個世界上，必然有生他的父母，張三不可能是石頭爆出來的。那麼我們根據這個因果律一直追問下去，問題就出來了：先有雞還是先有蛋的悖論就產生了。達爾文的進化論把人類的祖先推論到猿猴。可是我們再追問下去，猿猴是哪裡來的呢？推到一切都是物質演變而來的。我們再追問下去：那物質又是哪裡來的呢？最後的答案就是客觀存在。但是，如果我們再回頭來看因果律，這種絕對的無條件者，是不能給人一個確實、滿意的答覆的。原來是每發生一件事情，都會有原因和條件，推論到最後，居然沒有原因和條件了。物質被推論到那個境地——「客觀存在」，可說它已無唯物的實在可言，說它是形而上學的辯證就很合邏輯了。到了十八世紀，人們已經厭倦了這種哲學的玩把。康德（Immanuel Kant，一七二四—一八〇四）將形而上學戲稱為

「Hecuba[1]」（海枯拔：自艾自怨的老婦人）。可以說，到了康德那個時代，哲學這門學科已走向衰老，行動不便。它已無法應變日新月異的科學發展，也無法對應神學信仰的存在。人們只有在懷疑論和獨斷論兩方面行走，漫無邊際地玄談。哲學走到那個地步，似乎已病入膏肓了。這個自艾自怨的老婦人——海枯拔，還能怨誰呢？今天我們回過頭來看，完全是它作繭自縛。因為天是無限的高，它往上升呀升，升到形而上，則它就無所依託了，然後不免重重地墜落下來。哲學，這個曾被譽為人類最高智慧的學問，它用主客體分立的兩分法進行辯證，不是主體決定客體，就是客體決定主體，而這種主客體在空間、時間的形式運作下，就很容易產生懷疑論和獨斷論。在兩分法的辯證作用下，一旦思維上昇到觀念論，別無選擇，它要為達到目的而不惜浴血奮戰，其必然是懷疑一切或是獨斷一切。

當初亞里士多德設計第一哲學這門學問時，其思維架構多指向世界是什麼這個問題，也就是人們常說的「哲學是關於世界觀的學問」。人們對哲學的思考，就不免落入「人與自然的關係」這個思維框架之中。這種主客體分立的哲學沉思，開啟了人類理性思維的發展，助長了各類科學的進步。各類自然科學靠理性的經驗，毫無障

[1] Immanuel Kan. *Kritik der reinen Vernunft*. Hamburg: Felix Meiner Verlag. Page 9.

礙、穩步地向前發展。可是哲學上昇到形而上學後，它就出現理性的二律背馳（康德的理性四大悖論即是）。哲學成為「海枯拔」，完全是它咎由自取。它落入主客體分立的思考方式窠臼，走向衰老被人遺棄是毫無奇怪的。幸得德國出現一個康德，這位偉大的哲學家，有著驚人的反思能力，用孟子的話說，叫「反身而誠[2]」。他竟將哲學這個「海枯拔」煥發了青春。他打破了以往哲學慣常的思維，來個思維的反轉（革命），得出個「先驗論」。如果我們以康德在其《純粹理性批判》第二版序言中說他的哲學是哥白尼式的反轉來看他的哲學的話，康德的哲學，實際上就是形而下的哲學，為區別「易經」所說的「形而下之為器」的說法，我稱康德的哲學為形而下之下。即人形體之下的學說。康德是退回到現象發生之前，特究中國人所說的那個「心性」。無怪乎他能將「海枯拔」煥發青春容貌了。自蘇格拉底以降，哲學的邏輯思維一直往上昇，昇到形而上，它再也拿不出什麼憑據作為依靠，使自己不從空中掉下來。康德的睿智，就是知道前面已無路可走，不如退下來。而康德這個退，不是退回到以前的哲學老路子，甚麼唯物論、唯心論的老路，而是退到尚無人開發的新領域，即我們形體之下那個腦袋深藏的東西——心性能力。我們拿今天電腦技術的偉大成就

2 孟子，《孟子》，臺灣智揚出版社出版，民國八十三年版，第三百五十頁。

來看康德的哲學，說康德的哲學是一場偉大的哲學變革就不為過。他說的「我們的知識如何可能」的學說其實就是電腦如何可能的理論基礎。那個先驗邏輯闡述出來的「純粹知性能力」，就是電腦之所以可能的原理。電腦能夠為我們提供知識，就是它在驗前（沒有啟動電腦工作之前）其本身必須具備一套純粹知性的能力（電腦是人裝進去的程式，人是先天就有的），保證我們輸入的東西成為知識的可能。這就是康德的「先驗論」。康德已在經驗之前，探求到人的那個純粹知性、純粹理性的概念，他已把人認識的那個「Form」（形式）和「Kategeorien」（認識範疇）說了出來。

也許有人會說，康德有什麼了不起，不就說出人會思維而已，是個唯心論者。實則問題不是那麼簡單，康德已探索到形而下之下的那個心性。也就是我們形體之下那個心性能力。哲學到了康德那裡，似乎就完結了：再形而上，康德已指出不可能（宇宙無限和物自體的不可知）；形而下，康德已探尋到人類心靈深處那個認識的「Form」（形式）。用我們古人惠施的話說：「至大無外，謂之大一；至小無內，謂之小一。[3]」，我們還能走出康德的哲學範疇嗎？康德哲學的更新，讓哲學闖出一條新路，可是他又提出一個「物自體不可知」的命題，這一難題擺在哲學的路上，似

[3] 《莊子正宗》，華夏出版社出版，馬恆君譯著，二〇〇五年一月北京第一版，第五九一頁。

乎又堵死了哲學的通道？康德「物自體不可知」的哲學命題，實在令人驚嘆，「海枯拔」剛煥發青春，又急促變得衰老了。

自康德後，費希特（Johann Gottlieb Fichte，一七六二—一八一四）、黑格爾（Georg Wilhelm Friedrich Hegel，一七七〇—一八三一）重新拾起辯證法，用邏輯的形式檢點現象內容，即康德所說的「幻相邏輯[4]」來思辨，企圖衝破康德的純粹理性批判圍牆。費希特從「自我」與「非我」開始論證，進行否定之否定，達到自我與非我的統一；到了黑格爾那裡，則擴大為一個總的歷史框架，他也進行一番否定之否定，把一切都包羅裝進這個歷史總框架，以為這樣就可以圓滿了。但我們將物自體攤開來說，將那時間、空間、宇宙無限攤開來說，那不可知就擺在那裡，你又如何說得通呢？辯證法，只不過是一門自欺欺人的學說。它用抽象邏輯的形式，去妝點心中的那個意，實則是以意來包意，達致所謂的對立統一把戲。與黑格爾同時代的叔本華，自稱已破解了康德的「物自體」，他說意志就是物自體。然而，我認為是有些免其所難的。正如哲學大師牟宗三先生所指出的：「康德不承認有智的直覺（不單是康德，整個西方的基督教世界都不承認人有智的直覺，人是不能超越上帝的）。」沒有智的直覺，你拐彎抹角地證明，所得

4 康德，《純粹理性批判》，華中師範出版社出版，韋卓民譯，二〇〇二年七月第二版，第九十九頁。

的結論都是間接的。雖然有實踐理性來為其做保票，但有點強人所難，其實踐理性的靜觀，也是心性的意中之意，我稱此意中之意為「意識決定意識」的東西。即康德所說的「幻相邏輯」的東西，用邏輯形式引入內容來作辯證的那些東西。

再後來，胡塞爾（Edmund Husserl，一八五九—一九三八）他們的現象學，也只不過是意識意向性的探索，僅就現象而談現象而已。海德格、薩特他們大談存在，也是遊離意識現象之間，那個物自體似乎已被所有的哲學大師們所遺忘而擱置一邊了。然而，我們不對物自體刨根問底，不探究出個因由來，哲學能通達嗎？哲學，這個愛智慧的學問，竟被一個「物自體」概念所難倒了：我們不能否認它的存在，但不知道它是什麼？弔詭又弔詭。馮友蘭先生曾說過：「哲學，特別是形而上學，是一門這樣的知識，在其發展中，最終成為『不可知之知』。[5]」而康德這個「物自體」，嚴格來說，是形而下之下的，用形而上學的方法，說不可知之知，能使問題得到徹底的解決嗎？

康德的批判哲學，已證明形而上學此路不通。他的純粹理性批判，說明理性已病入膏肓，不可救藥。當今人類社會恐怖主義橫行，自然生態環境的大破壞，就是理性主義帶來的惡果。我這不是危言聳聽，一個人由知性上昇到理性，形成觀念後，他的

---

[5] 馮友蘭，《中國哲學簡史》，北京大學出版社出版，一九八五年二月第一版，第三八七頁。

反思判斷力就圍繞這個目的論轉了。中東那些炸彈自殺者那麼勇敢，不惜以自己的生命來為那個觀念獻身，看起來似乎是很不理性的，實際上正是理性生導出來的惡果。知性決定理性。他從小就接受那種知性教育，那種伊斯蘭教原教旨的思想教育，一旦知性上昇到理性形成觀念（信仰）後，它就變成行動的指南了。恐怖分子臨死前，他是感到無限的光榮的，他相信他是為他的神而獻身的，不然他就沒有勇氣拉開那炸彈的開關了。類似此種理性腫瘤的現象，在無神論的中國也屢見不鮮：只要你批評一下中國的人權狀況不好，立刻就有人出來指出你背後隱藏著不可告人的陰謀論。這種思維、行為方式，正是理性觀念的目的論在作怪。人，各個具體的人，他的聰明程度不同，他所受的教育程度不同，他所接觸的宗教、生活習俗、知性認知都不同，那個指導行動準則的理性觀念當然就因不同的環境、宗教、生活習俗、民族、國家地區而異。理性如何理性呢？德國社會學家韋伯（Max Weber，一八六四—一九二〇）提出寬容哲學，所謂的寬容，不就是包容各持所見嗎？可是那些極端主義者（獨斷論者），對你的寬容會有所聆聽嗎？具有諷刺意味的是，韋伯講寬容哲學的時代，正是共產主義獨裁專制肆虐興起的時代。後來的哈伯馬斯（Jürgen Habermas，一九二九—）認為單講寬容不行，還要講溝通，他的溝通哲學於是就誕生了。歐盟現在講溝通外交，或許就是對哈伯馬斯哲學的運用。我用理性、很理性的道理與你溝通，講清楚，說明白，你總該聽聽吧？可是我們看到恐怖主義更加猖狂，自殺炸彈者更加激烈；民主社會與專制社會關係更是水火不相容。自康德宣佈理性的侷限性以來，形而上學走上「海枯拔」的命運已不可避免。韋伯、哈伯馬斯他們用理性來療傷理性的手法，也只能是短暫的鎮痛劑，不可能根治理性的病源，原因是那病入膏肓的理性腫瘤已深入人心，不可能連根拔除。深根蒂固的理性認知，加上叔本華生存意志的渴望，這就是人類不可救藥的災難。指望人類自身以理性自救，可說是飲鴆止渴。理性的動力在於講存在與發展，一個民族、國家要講他們的存在與發展，一個人也要講他的存在與發展。人要擁有什麼：名譽？金錢？財富？地位？國與國，人與人，集體與個人，都要相爭。而讓人類血拼爭鬥的根源，正是人類理性本身。基督教的《聖經・創世記》早就說明了這個理性的惡源：亞當與夏娃偷吃智慧之果後，人類有了知，就開始出現罪惡了。

我們已找到人類擔心受怕的病因，一個問題就提出來了：假如我們能夠證明出沒有理性，不要知性和理性，人類還有他生存的價值，而且比價值理性主義者得到更高的價值。那人類不就有重返伊甸園的希望了嗎？

這是一項艱苦卓絕的工作。然而康德的哲學已為我們創造出良好的開端。他卓越精妙的先驗論，已把知識如何可能以及如何形成觀念論說清楚了。剩下的工作就是我們如何證明知識的無用和如何剷除理性觀念的毒瘤了。

余客居德國二十幾載，潛心研析天人之分際，體悟人生之道，竟禪悟出老莊之道的「玄牝之門」來。莊子說：「獨與天地精神往來，不傲撙於萬物，不譴是非，於與世俗處。[6]」

莊子已把人生這個最大的價值意義說出來了。「獨與天地精神往來」，這是何等的人生境界？而且他不是孤芳自賞、獨傲於世人之上。他與萬物、萬事和諧相處，生活在人類的世俗之中。這等人生的意義，是多麼輝煌與璀璨，他已看到「天地之大美[7]」（《莊子・天下篇》）。可以說已做到人中之極：「內聖外王[8]」（《莊子・天下篇》）了。

中國古人的哲學觀，用的是直接說出真理的方法。他沒有邏輯分析論，也沒有綜合的歸納法。用哲學家熊十力先生創造的「性智[9]」（熊十力先生在其《新唯識論》說有「量智」、「性智」兩個詞，「量智」，它是可以尺度出來的，相當於西方哲學講的理性；而「性智」，則是不能用尺度來衡量的。）兩字來說，我稱之為「性

6 《莊子正宗》，華夏出版社出版，馬恆君譯著，二〇〇五年一月北京第一版，第五八九頁。
7 《莊子正宗》，華夏出版社出版，馬恆君譯著，二〇〇五年一月北京第一版，第五七一頁。
8 《莊子正宗》，華夏出版社出版，馬恆君譯著，二〇〇五年一月北京第一版，第五七一頁。
9 《熊十力集》，群言出版社出版，一九九三年十二月第一版，八十六頁。

智論」。他把你一生所要想的，所要追求的，所要得到的，那個心靈深處最玄妙的東西，一下揭示出來了。它沒有原因，沒有因而如何如何？它是頓悟而成就的，這就為我們論述老莊的道無哲學製造困難。而老莊的道，又在形而上之上，用辯證法，不可能求得。老子說：「人法地，地法天，天法道，道法自然。[10]」我們看到，在老子這四個層次之中，「地法天」這個層次可能還有點人的意識辯證，也可說是形而上學的辯證：觀察萬物之性來體驗天的性質。即《易經》的古者包犧氏「仰則觀象於天，俯則觀法於地，觀鳥獸之文與地之宜，近取諸身，遠取諸物[11]」的方法論而已。並沒有上到「天法道」的層次。

「天法道」那個層次，是天與道的關係，已沒有人為的意識，辯證法不可能再起作用了。辯證法家硬說天道如何如何，那肯定是意識的構造，是否那就是老子說的「道」？那只有天知道。所以，「天法道，道法自然」的悟覺，只能用熊十力先生的「性智」來解決。

---

10 老子，《道德經》，安徽人民出版社出版，陳國慶、張養年注譯，二〇〇一年十月第一版，第二六八頁。

11 《周易正宗》，華夏出版社出版，馬恆君譯著，二〇〇五年一月北京第一版，第六四八頁。

這是一項哲學的艱難工作。老莊雖然把人生的真諦說出來了，但如何證明則是一個難題。我在研讀康德的哲學時發現，康德的先驗哲學，已具備解釋老莊道無的理論基礎。康德的先驗邏輯論，已為老莊的道路鋪就一條通達的橋樑。康德「反身而誠[12]」（孟子語）的哲學，已見證人類心靈底下那個Form（形式）的東西。我們從康德這個Form再作進一步的形而下之下考察，一步步的探源，最後「各復歸其根[13]」，將老莊的道無闡發出來。

康德在其《純粹理性批判》開章明義地指出：「我們的一切知識都從經驗開始，這是不能置疑的。[14]」但是他把話題一轉，說：「是否有這種不依靠經驗，乃至不依靠任何感官印象的知識，這至少是需要更慎密地去審查的一個問題，而且是不能立即輕率答覆的問題。這樣的知識稱為『驗前的』（a priori），而且有別於經驗性的知識，經驗性的知識是起自驗後（a posterion）的，即在經驗中有其起源的。[15]」當年康

12 孟子，《孟子》，臺灣智揚出版社出版，民國八十三年版，第三百五十頁。

13 老子，《道德經》，安徽人民出版社出版，陳國慶、張養年注譯，二〇〇一年十月第一版，第二六六頁。

14 康德，《純粹理性批判》，華中師範出版社出版，韋卓民譯，二〇〇二年七月第二版，第三十五頁。

15 同註解14。

德這個證明，我們今天來看都有些不可思議，不是說一切知識都從經驗開始嗎？那你要說的是沒有經驗的知識，這是什麼知識呢？我稱之為「知識背後的知識」。康德在知識後面看到另一種知識，即驗前（先驗）的知識。我們能否從康德這個驗前的知識悟覺到老莊的道呢？用康德的話說，這是「不能立即輕率答覆的問題」。我的證明，是形而上之上的無，已沒有康德經驗知識的參照系。它不是胡塞爾（Edmund Husserl，一八五九—一九三八）意識意向性的溯源；也不是薩特（Jean Paul Sartre，一九〇五—一九八〇）的自為存在的良知證明。老莊這個道，它不是分析的，也不是綜合的。它必然要用到哲學家牟宗三先生說的「智的直覺[16]」才可以征達。這項工作，是有些晦澀和費解的。但是，讀者只要能有耐心地體悟我的探源，開啟「性智」的大門，就不難歸根到底，達到莊子「朝徹[17]」的境界。這種哲學的徹底性，並不是我異想天開，而是它根植於人類本性的。這就是老子「道法自然」的根本所在。

16 《牟宗三集》，群言出版社出版，一九九三年十二月第一版，第四〇二頁。

17 《莊子正宗》，華夏出版社出版，馬恆君譯著，二〇〇五年一月北京第一版，第一一三頁。

二、探討意識的來源

關於人類切身存在的問題，一直是哲學這門科學所要關注的焦點。我們人因何而有這個世界？這世界是從何而來？人類有意志自由、靈魂不死嗎？人為甚麼要如此相互爭鬥、沽名釣譽、追求榮華富貴？人生真的有價值意義嗎？……種種問題，似乎都是因人有思維而來。人如果沒有思想，沒有知的能力，他也就不會有這些問題的發問了。這就是《聖經．創世記》所說的，人類的始祖亞當與夏娃偷吃了上帝的智慧之果，有了知之後而發生的種種罪惡。而人類之所以有這個知，全因其本身有一個思維的功能。因此我們探討這個思維何以如此，意識從何而來，而又如何綜合統一的？我們對此「知」進行探源歸根，若能找到原因和結果，這對我們上述提出的種種問題，提供解決的方法，就顯得非常重要了。

我們現在就來探討意識的來源。意識是如何產生的？我們人是如何認識事物的？如何對事物進行概念從而得到知識的？

關於意識的產生，唯物論者認為是客觀對象給予我們知識。是外界的對象，反映到我們的大腦神經，被我們感知，然後才形成概念，從而使我們得到知識。我看到一條狗，我才有狗的概念，我認識了狗，我就有了狗的知識。我從沒有看到過或聽過狗的有關情況，我內心當然就沒有形成狗的概念，因此我不可能有狗的知識。假如外界一片空無，我當然就一無所知。以唯物論者來說，是客體對象決定我們人的意識。沒有對象，你拿什麼來做概念？思想無內容則空。可以說沒有出現，就沒有知識。知識的來源，一定要有對象，而對象的出現，是外在於我們內心的事物，即不屬於我們本身的東西。它是從外面進入我們內心而起作用，從而使我們產生知識。這就是唯物論者說物質決定意識的一個有力論據。然，唯心論者則反其道而說之，你客觀對象雖然重要，沒有你進入我的內心感應，我當然沒有知識，但我心若沒有將對象形成概念的功能，即我沒有知的功能，我何來知識？你客觀對象出現再多，我們人的意識對它不起作用，即不對它做概念，我們也沒有知識。因此，從認識論上來說，客觀對象與意識是一個矛盾兩個方面的關係，兩者是相互辯證的，是相互依存的關係。誰都離不開誰，失去一方，另一方就不能成立。這就是康德說的：「我們的一切知識，都從經驗開始，這是不能置疑的」的論斷。所謂的經驗，就是有東西經過我們的心性，使它發生作用，從而得出經驗性的概念。然而，以唯物與唯心來探討意識的起源，在我看來已沒有甚麼出路，唯物與唯心爭論到最後，不是獨斷論就是懷疑論。因為宇宙是無限的，物自體是不可知的，而人用來做意識形式的空間、時間也是無限的，這就使人的認識得不到徹底的解決。它上到形而上時，沒有經驗做奠基，就成了猜測和空想的推論。先有雞還是先有蛋的問題就出來了。這個世界是從何而來？我們人類何以會有這個宇宙世界？永遠探不到源頭，永遠有未知的東西在等待我們認知。當初亞當與夏娃偷吃上帝智慧之果時，不知道會有這麼麻煩，要知，知不了；不知，又不甘心情願，兩頭都不到岸。我們人類如何打破砂鍋問到底呢？那個靈魂不死，意志自由，上帝存在等等問題，都在爭相向我們內心發問，使我們的情志不得安寧。

唯物論與唯心論不能徹底解決人類認識的問題，我認為就是它們都採取驗後的兩分法，即在經驗性的意識上進行邏輯分析。一個事物不是A，就是非A。這種兩分法的絕對論，在時空無限，宇宙無限，「物自體」不可知的情況下，不可能有一個徹底的、明晰性的結果。記得在臉書有一個人發一個打賭，說任何事物都有矛盾的對立面，如果有人指出有一事物沒有對立面，他就獎給一百萬元錢。我在他的臉書留言：一個圓球，任何一點都是中，它是沒有矛盾對立面的。這人也不見對答，大概就此不了了之。有人還拿出中國古人的《易經》來吹牛，說《易》的「陰陽」學說就是黑格爾的矛盾論，是最辯證的科學。其實，中國古人所謂的得道，是沒有任何矛盾的對立面的。這就是說，得道之人，必須是在陰陽之上，或是在陰陽之中間（中庸），他不能有陰陽矛盾對立面的影響，他是自由自在的，已達到絕對的自由。這個絕對自由之人，那還有甚麼「陰陽」之道呢？陰陽，只是人在意識上的辯證，也就是說，是邏輯分析法辯證之道，並沒有達到哲學的徹底性和明晰性。所以我們要尋找哲學的出路，靠經驗性的邏輯分析，是行不通了。康德在形而上學成為「海枯拔」後而開創出一門新的哲學：先驗哲學。我們來看看康德的先驗哲學能否解決這個人類智慧的問題？

三、康德先驗哲學給我們的啟示

為了更好地理解康德的先驗論哲學，我們來看看康德所說的這個先驗論。

康德在他的《純粹理性批判》導言中就明確指出，他的「先驗哲學觀念」（Idee der Transzendental-philosophie），說的是「驗前的知識」，這種知識是純粹的，是沒有摻雜任何經驗性的知識。康德的哲學有「純粹感性」、「純粹知性」、「純粹理性」之說，這個「純粹」的東西，就是將經驗性的知識排除在外，在經驗之前我們的腦袋有甚麼東西能使我們的驗後知識成為可能。其實，康德說這個驗前知識，就是我們人的心性能力，即在我們的身心裡面裝有甚麼東西，能使我們與對象發生關係，從而獲得知識。

康德這個先驗哲學，說的是人的認識功能。但是，他與以往的哲學理論不同的是：以前的哲學都是以經驗性為基礎，而進行的一種心理學分析。也就是說，它是把現象與心理活動作兩分法的分析。而康德的先驗論，則是將經驗排除在外，對人腦這個認識功能作純粹的先驗剖析。康德稱他的先驗哲學是綜合判斷，而不是分析判斷。他提出：「驗前的綜合判斷是怎樣成為可能的？[18]」

我們用通俗的話來說，就是在我們人還沒有接收客體世界的現象之前，我們的腦袋有什麼東西能使客體變為我們的知識。在一般人的思維想像中，沒有客體進入到我們的感官，我們的腦袋就是空的。哪來知識？我看到一張桌子，我才有這張桌子的概念，我什麼都沒有看到，外界一切空無，那我的腦袋當然什麼都沒有。因此人們就會說，是外界的客體，決定著我們的意識。這就是唯物論者信誓旦旦說物質決定意識牢不可破的教條。他們抓住這一保險係數，宏宏灑灑地開論起來。而唯心論也反其道而行之，抓住心理學的功能，大談意識決定物質論：假如我沒有意識到它，它又如何存在呢？兩者血戰到最後，還是各說各的話，用康德的理論來說，還是不分勝負（純粹理性的二律背馳），其原因就是雙方都使用兩分法的辯證術，將客體與主體作為一對矛盾的兩個方面來論述，這就形成誰也離不開誰的局面，誰能戰勝誰呢？這叫做「一榮俱榮，一損俱損」。你消滅了對方，你自己也就不存在了。康德哲學的新穎與

18 康德，《純粹理性批判》，華中師範出版社出版，韋卓民譯，二〇〇二年七月第二版，第五十頁。

獨特，其表現就在這裡：他拋開兩分法的辯證法，另闢途徑，對哲學來個三分法的論述。康德在他的《判斷力批判》一書的一段注腳裡說：「有人曾對我的純粹哲學的劃分幾乎總是得出三分法的結果感到困惑。但這是植根於事物的本性中的。如果一個劃分要先天地進行，那麼它要麼是按照矛盾律而被分析的，而這時它總是兩分的（任何一個存在要麼是A，要麼是非A。）；要麼它就是綜合的。如果它在這種情況下要從先天的概念（而不像在數學中那樣從概念相應的先天直觀中）引出來，那麼這一劃分就必須按照一般綜合統一所要求的，必然是三分法的。這就是：一、條件，二、一個條件者，三、從有條件者和它的條件的結合中產生的那個概念。[19]」康德的哲學為什麼總是三分法而不是兩分法，其原因就是在現象和意識之間，還有一個先驗邏輯的形式在那裡。就是說，我們不能只看到是現象決定意識，還是意識決定現象，它的後面（心性）還有一個先驗邏輯形式在起作用。

康德這個三分法的先驗哲學，打破了我們慣常兩分法的思維。乍看起來會有些令人費解。以康德「先天的概念」（韋卓民先生譯為「驗前概念」）的說法，就如同在我還沒有認識張三、李四之前，我就有張三、李四的概念了。這話聽起來是荒唐至極

[19] 康德，《判斷力批判》，人民出版社出版，鄧曉芒譯，二〇〇二年十二月第二版，第三三頁。

的。不是說，經過思維判斷後，才得出概念的嗎？沒有客體的出現，怎麼會有概念的存在？用一般人慣常的思維方式來看，這是不可能的。康德說的，可信嗎？當年康德論述他的哲學時，就很少引用實例來說明。他在他的《純粹理性批判》序言中，就對這個問題做了說明。說實在，康德這個先驗論，要用實例來說明，確實不容易。我稱他的哲學為形而下之下的：他是論說人意識後面的東西，即在人的經驗意識之下的那個心性能力。故我也稱他的哲學為「反身而誠」（孟子語）的哲學。儘管康德沒有說過他的哲學是形而下之下，他也循經院哲學的傳統叫法，將哲學研究的範疇稱為「形而上學」的。但就康德的先驗論來看，我稱為形而下之下的哲學是很得體的：一，康德自稱，他的哲學是「哥白尼式的反轉[20]」（有譯為革命），既然是反轉，那就是反形而上學而行之，這就是形而下的。但因中國人稱「形而下之為器」（《易經．繫辭傳》），我則稱為「形而下之下」。因為康德並不是說形器的東西，而是人的形體之下的心性知識。二，康德說他的批判哲學不屬於心理學研究的範圍，它是將經驗性的知識排除在外的。康德講所謂「純粹知性」、「純粹理性」的東西，是沒有摻雜任何經驗性的東西的。這種知識，不是形而上的思辨，而是形而下之下的探究，即我們人

[20] 康德，《純粹理性批判》，華中師範出版社出版，韋卓民譯，二〇〇二年七月第二版，第十七頁。

體之下的心性探究。這個知識，說的就是我們形體之下的隱藏知識，即心性能力。三，康德在其《純粹理性批判》一書開章明義地指出，他要說的是驗前的知識，即在經驗沒有發生之前的知識。康德稱之為「認識的形式」的東西。這個還沒有發生經驗之前的知識不可能是形而上的，（意識還沒有出現，那來思辨？）只能將它納入形而下之下來考察。西方哲學的形而上學（Metaphysik），說的是形體之上的意識，即抽象思維的東西。康德沒有把他的哲學擯出形而上學的範疇也是說得過去的，因為康德的先驗論也是講抽象的東西。而以我們中文「形而上」與「形而下」之解，說康德的哲學是形而上的，那就產生很多誤解，以為康德還是在講思辨哲學的那一套，還是講形式邏輯抽象思維的那一套東西，這就很難悟覺出康德哲學的真諦來。有人認為康德的哲學是說思維的規律、思維的法則。這話看似不錯，實則沒有點到先驗論最精妙的核心部位——這個「先天的概念」問題，即什麼是純粹知性、純粹理性的問題。康德說：「我們在這裡所需要的是藉以正確辨別純粹知識與經驗性知識的標誌，經驗告訴我們的是事物的『如此如此』，而不是事物的『不能不如此』。[21]」康德進行一番論述後，接著說：「因此，由於這個實體概念用來迫使我們承認它的這個必然性，我們

[21] 康德，《純粹理性批判》，華中師範出版社出版，韋卓民譯，二〇〇二年七月第二版，第三六頁。

就毫無選擇，只得承認這個概念是處在我們驗前知識的能力裡的。[22]」康德的先驗哲學，說得再清楚不過了。他要說的，是人有一種超驗的知性能力，這種知識，不和對象有關，而和人們知道對象的方式有關。

康德對先驗知識有一個明確的限定，他說：「即並不是任何一種驗前知識都應該稱為先驗的。而只有我們藉以知道某些表像（直觀或概念），只能在驗前使用或者只是在驗前成為可能，而且又知道何以是這樣的，這種驗前知識才稱為先驗的知識。這就是說『先驗的』這詞是指『關於知識的驗前可能性』或『知識的驗前使用』這樣的一種知識。[23]」康德把他的「驗前」（a priori）知識規定得很嚴格，他說：「我們把所謂驗前知識理解為不是不依賴某一次經驗的知識，而是絕對不依賴任何經驗的知識。[24]」

康德這個先驗哲學，給我們有如下啟示：

一、我們人能認識這樣那樣的事物，肯定在我們的腦袋裝有一套認識的東西，否則我們不可能認識事物。這套東西是什麼？康德稱為「認識的形式」

22 康德，《純粹理性批判》，華中師範出版社出版，韋卓民譯，二〇〇二年七月第二版，第三八頁。

23 康德，《純粹理性批判》，華中師範出版社出版，韋卓民譯，二〇〇二年七月第二版，第九五頁。

24 康德，《純粹理性批判》，華中師範出版社出版，韋卓民譯，二〇〇二年七月第二版，第三六頁。

（Form），以及認識的範疇（Kategorien），即我們在沒有認識事物之前，我們的頭腦必須有一套認識事物的形式和能力，它決定著認識出來的事物「不能不如此」。這就迫使我們追問一個問題：在我們還沒有認識事物之前，我們的腦袋是否存在一個純粹知性概念？就如我們做餅，先前一定要有一個模型，扣出來的餅才會有豬、牛、羊、馬……等模型餅。我這裡要說的，就是，我們人這套認識的心性，是否在驗前已包涵各種各樣事物的概念呢？不然的話，我們認識出來的事物，雖然是如此如此，但不可能「不能不如此」。這個必然性，是驗前概念決定了的。如果說驗前沒有這個先天概念的存在，要說事物「不能不如此」是不可能的。這個心性，必然先驗地包含這個概念，這個驗後的概念才「不能不如此」地在心性意識出來。既然心性原來就包含這樣的東西，反過來說也知道心性不包含什麼東西。我們以此「反身求誠」，是否可以探索出認識的根源以及認識的範圍和侷限性？心性包含甚麼東西和具備甚麼樣的能力，我們才能認識甚麼樣的事物。就如電腦，它預先要裝有那類知識的程式，我們輸入甚麼，它才給予我們想要的知識。如果電腦預先沒有裝有這個程式，我們是無法獲得那類知識的。我們以此電腦程式來反照，進一步探討我們人類這個心性藏有什麼東西？

二、康德這個先驗論，說的是驗前的知識，即先驗的知識。在我們還沒有與世界現象發生關係之前，我們的頭腦早就存有這樣的知識。這樣，康德的先驗哲學就給我們提出這樣一個問題：我們的頭腦，是否已包涵宇宙世界的一切？宇宙世界的規律、法則是否已裝置在我們的腦海中？中國古代哲學家陸象山（陸九淵，一一三九—一一九三）提出的「宇宙便是吾心，吾心即是宇宙[25]」的原理是否可以成立？人是否有一不求而存在的東西在我們的心性裡面？而且我們從康德的先驗論知道，你再怎麼求知也沒有用，宇宙世界不可能被你認識完畢的，宇宙是無限的，物自體是不可知的。既然這樣，我們的求知就是不全的和不完美的，認識是片面的、相對的，是有欠陷的。也可以說求知是個無底洞，永遠達不到彼岸的。我們檢討康德這個在我們心性先天就有的知識後，我們再進行反思：我們是否可以放棄求知，不要知識，回歸心性的純潔？

三、我們從康德的先驗判斷知道，美是沒有概念，沒有利害關係，沒有目的性，但符合目的性的心性愉悅。我們從康德這個判斷力的批判中，是否可以悟覺

25 《雜著》〈陸九淵集〉卷二十二，第二七三頁。

到最高的審美價值觀來？即悟覺出老莊道的「玄牝之門[26]」來？莊子為什麼可以「獨與天地精神往來」、看到「天地之大美」？這個道是什麼？真的值得人們去追求嗎？真的比求知更賦有價值嗎？

我們從康德這個先驗哲學看到，當今製造的電腦，所使用的原理，都與康德的先驗哲學理論有關。也可以說，電腦編寫的每一套程式，必須用到康德的先驗論，沒有一套驗前的綜合判斷如何可能的運作程式，我們無論向它輸入甚麼，它是不可能顯示出我們想要的知識的。電腦能給我們這樣那樣的知識，是它先前裝有一套獲得那種知識程式。既然電腦的理論基礎是從康德的先驗論而來的，我們從電腦的程式來反觀我們這個人的心性能力，就可以探索出人的意識來源，以及明瞭人的認識能力和他的侷限性。我們用電腦的程式去進行分析，看看康德所說的認識形式裡面包涵什麼東西，能使我們認識出來的知識具有普遍性、必然性？這個看不見，摸不著的認識形式，就值得我們反轉去探究了。我們從康德這個認識的形式及認識的範疇，再證明出陸象山先生的「宇宙便是吾心，吾心即是宇宙」的悟覺，為「吾心」本就存有宇宙世界的一切，無需再向外所求奠定理論基礎。這樣，就為我們回歸心性本體打下理論根據。為

[26] 老子，《道德經》，安徽人民出版社出版，陳國慶、張養年注譯，二〇〇一年十月第一版，第二七一頁。

甚麼老子說為道要「損無」？我們知道，康德對認識論的探索，探到最後的「純粹理性理念」時，就出現二律背馳，產生悖論。他為甚麼認為我們認識的都是現象，而「物自體不可知」？康德將哲學分為自然的形而上學和道德的形而上學兩部分，他是將理性的二律背馳交由道德的形而上學來解決的。他的《實踐理性批判》就由此而提出解決方法，但我認為是有點勉其所難的，是有點淤塞而不順通的。他將這一切歸於一個道德律令來解決，也是意中之意，亦可以給人留下詰難。何以人先天就有善心，而沒有惡心呢？康德這個先驗的道德律令，也不能解決人生圓滿而達到至極的問題。

而且康德將哲學分為自然的形而上學和道德的形而上學，很明顯就將認識論與道德倫理論脫節了，他把認識不可知的「物自體、上帝、意志自由、靈魂不死」等，都交由道德的形而上學來解決。康德知道他的先驗認識論，是不可能達到徹底的自明性和絕對的自由的。以他的先驗認識而論，「物自體」是不可知的，上帝的存在，靈魂不死等是不可以實證的。因此，他就要設置一個道德的形而上學來解決人類這個心靈安放問題。他的道德形而上學是高於自然的形而上學的。他的名言：「我因此就得揚棄知識，以便替信念留有餘地。[27]」（Ich musste also das Wissen aufheben, um zum Glauben

[27] 康德，《純粹理性批判》，華中師範出版社出版，韋卓民譯，二〇〇二年七月第二版，第二十五頁。

Platz zu bekommen.）就是他認為道德哲學比自然哲學更重要原因。我們從康德的先驗哲學，看看能否打通一條哲學通道：從認識論，直接回歸心性論，即不要知識，也不要信念，讓心性空無。這樣，就沒有康德的純粹理性的二律背馳，也沒有黑格爾否定之否定對立統一的辯證巫術。他是老子「各復歸其根」的自然本性。這種回歸，是自自然然的，沒有半點認識論的悖論，也沒有道德倫理論的來回折騰。他是暢通無阻，直通宇宙心的。即俗話說的「一了百了」，沒有半點的淤塞。

四、對純粹知性概念的分析

康德用驗前綜合判斷的方法，已將驗前的純粹知性概念證明出來，我們在此基礎上反轉過來，試用分析判斷的方法來進一步說明這個純粹知性的概念。

我們在對此純粹知性概念做分析之前，必須先弄清楚康德的「驗前的」（a priori），和「純粹的」（reinen）兩個詞。康德使用這兩個詞，是指沒有包涵任何經驗性的知識下的「驗前」和不摻雜任何經驗性知識的「純粹」。即在我們人還沒有與認識對象發生關係之前，頭腦所固有的，先天的一種知性能力和構造。

在二十一世紀的今天，電腦的發明已普及使用，我們用電腦的原理來做實例，說明康德這個先驗哲學，就很容易理解康德這個「純粹的知性概念」了。

電腦之所以成功，能夠顯示出我們所需要的知識，就是我們在使用電腦之前，電腦本身必須有一套能使你輸入的東西變為知識的能力。這套能力，就是康德說的純粹知性的那一套原理：想像（聯想）聯結、綜合、統一的能力。這套能力，它是在「驗前」（a priori），即我們還沒有打開電腦使用它之前，我們預先就將這套功能裝在電腦裡面了。也就是說，電腦本身已有一套運作的程式。這套程式康德叫認識的形式（Form），叫認識範疇（Kategoien）。這套東西是驗前就有的，沒有參雜任何經驗性的東西，它是純粹的知性能力。只有它本身具備那種知性能力，我們人才能向它輸入什麼東西，它就給出我們所需要的知識。以此我們來看看康德的 Form，它所包含有甚麼東西？

我曾經寫過一篇小品文，說康德是電腦發明的鼻祖。有人不以為然，兩百多年前的康德哲學，怎麼能與現代的電腦扯上關係呢？實則正是康德的先驗論原理，才使電腦成為可能的。電腦必須具備康德說的這個「先驗知識」，即其本身有一套認識的功能，才能為我們人所用（經驗後的作用）。這就是康德的「先驗論」。沒有康德的先驗論作為電腦的理論基礎，要說電腦如何能取得成功是不可能的。就知性能力來看，電腦與人腦是很相似的。我們以電腦來看康德的哲學，也是可相通的。我們舉一個經驗後的電腦應用例子，以此再來反思康德的純粹知性概念是怎麼一回事。

我們打開電腦拼音輸入法打字的中文系統，當我們向電腦輸入一個「W」字母，它就出現「我、為、無、文……」等字。為什麼不出現「他、你、豬、狗」等字呢？

道理很簡單，就是原來編這套拼音輸入法中文系統打字程式的那個人，早就把所有讀音以「W」為開頭的中文字，編入W字母的系列。這個W，早就裝有「我、為、無、文……」等中文字的驗前概念（純粹概念）。W的出現，電腦必然反映出這些「我、為、文、無、問……」等中文字來。相反，因為這套程式的W字母沒有「他、你、豬、狗」等字的驗前概念，當然它就沒有這幾個字的反映出來。由此而看，雖然說電腦還要具備反映、記憶、聯想等等的功能，但就上面舉的例子來看，它必須有一個驗前的概念裝置，假如那套程式的W沒有「我、為、問、文、無……」等中文字的純粹概念，W是不可能反映出這些中文字來的。也就是說，當初設計這套程式的人，早就把「我、為、文、問、無」等字的概念植入「W」字母中了。我們打出W字母，它就可以轉換出那些中文字。我們稱此程式編寫的概念，為「純粹的知性概念」，因為它是沒有經驗過的（使用它打字），固說它是純粹的。

由此我們再來看看人的認識，我們能認識這樣那樣的事物，表面上看，就是我看到什麼東西，就知道它是什麼東西，道理很簡單。但是，如果我們作進一步的分析，就會追溯到一個最根本的問題：為什麼人人看到一條狗，就知道它是狗，而不會認為它是豬或羊呢？這裡必定要追究到我們人認識的那個形式是否一樣的問題，就好像我們做餅的模型，那個模型扣出來的東西是什麼就是什麼，是固定的。這個模型的東西就是驗前的純粹概念。那個模型是小狗是小羊，它的成品就是小狗、小羊模樣，這是不變的。在經驗還沒有發生之前，我們人的頭腦早就有一套認識的形式。以電腦拼音中文輸入法來看，我們人這套形式應該包含自然界事物的先天概念，否則我們不能產生必然、普遍的認知。即如我們上面舉的中文拼音輸入法所說的，在驗前，那套程式必須包含有純粹的知性概念，使出現與純粹概念相結合，才能產生必然的驗後知識。就是說，在我還沒有認識張三、李四之前，我的頭腦早就有張三、李四的驗前概念了，否則我們不能分別出某某是誰不可能是誰的認知。當然，如果張三、李四不出現，這兩個概念也不會反映出來。這正是康德先驗哲學所說的純粹知性的先天概念。經驗康德說：「我們在這裡所需要的是藉以正確辨別純粹知識與經驗性知識的標誌。經驗告訴我們的是事物的如此如此，而不是事物『不能不如此』。[28]」這個規則後面必然要有先天的概念作為奠基。沒有先天性概念，那麼我們所得的知識就成為不定式了，也就是偶然而沒有必然的普遍性了。就是說，我看到一條狗，就不必然是一條狗，有可能會變為一條豬或一頭牛了。或是說我看到一條狗，認定是狗，而你可能認定它是豬，而不是狗。全世界的人雖然語言不同，但他看到一條狗必定知道是狗而不是豬，

[28] 康德，《純粹理性批判》，華中師範出版社出版，韋卓民譯，二〇〇二年七月第二版，第三六頁。

它與豬是有不同的概念的。看到什麼，它必然是什麼，人必須有一個先驗統覺，這個統覺必然有一個驗前概念做根基。就是說，人必須有一個一般的認識形式裝置，否則就沒有所謂的常識了。要保證這個常識的真實性，就必須人人（神經不正常的人除外）有一套同樣的驗前概念裝置。

康德把凡是經驗性的東西一一除卻以後，那個先驗的純粹知性概念就在我們的心性顯示出來了。他說：「因此，由於這個實體概念用來迫使我們承認它的這個必然性，我們就毫無選擇，只得承認這個概念是處在我們驗前知識的能力裡的。[29]」這話聽起來似有些不好理解，但我們結合上面所說的電腦中文拼音輸入法，就好理解了。上面我們說過，為什麼我們輸入「W」，電腦就顯現「我、為、文……」等字呢？就是我們在驗前（還沒有使用電腦打字之前），電腦本身早就裝置「W」所有中文字的概念了。如果我們從中文拼音輸入法整套程式來看，二十六個英文字母，包涵所有中文字的驗前概念。也就是說，這套程式包涵所有中文字的純粹概念。我們以此反轉來看康德說我們人認識的純粹知性概念。其實世界的一切，在我們的頭腦早就有一套形式，它有一套純粹的知性概念裝置。這套形式所編入的純粹知性概念我們看不見，摸不著，但一旦有客體出現

[29] 康德，《純粹理性批判》，華中師範出版社出版，韋卓民譯，二〇〇二年七月第二版，第三八頁。

與它發生關係，它就可以意識出來。而且它認識出來的東西，經實踐，是符合自然規律、法則的。我們舉一個幾何學的例子：三角形的內角和等於一百八十度，為什麼它一定是一百八十度而不是一百九十度或二百度呢？這是空間的先天三維性所決定的。但是如果我們取消出現的三條線，沒有構成一個三角形，那個一百八十度的概念也不會在我們的頭腦出現。其實，這個三角形內角和等於一百八十度的概念是先天就存在的。康德認為，數學的先天性原理，用直觀就可以證明出來，這就是自然科學穩步向前發展而沒有什麼阻礙的原因。而人這個先天性原理，就不那麼好證明出來了。我們通常不會做太多的思考，只會認為是客體對象給予我概念，是狗的出現，我才有狗的概念。我從未看到或聽到過狗的有關情況，我是不會有狗的概念的。

然而，康德的先驗論就給我們證明了先天性概念的存在，使我們明白人的大腦早就裝有一套純粹的知性概念。康德說：「我們將追溯純粹概念在人類知性中的原始種子和最初傾向，這些種子與傾向原來就在人類知性中備有，等到最後有經驗發生，它們才得到發展。而且這同一知性在它們擺脫了附加上的經驗性條件之後，其純粹性乃顯示出來。[30]」康德又說：「現在就發生一個問題：驗前概念可否也能作為先行條

[30] 康德，《純粹理性批判》，華中師範出版社出版，韋卓民譯，二〇〇二年七月第二版，第一〇三頁。

件，任何東西只有在此條件下即可不是被直觀，仍能作為思維的一般對象，如果是如此的話，關於對象的一切經驗性知識就必須和這樣的概念相一致，因為惟有這樣預先假定有這些概念，任何東西才有可能成為經驗的對象。[31]」

康德將經驗性知識作為附加條件將其排除出去，從而證明出這個純粹的知性概念。可是康德沒有將它歸為感性直觀的對象，而是將它歸為思維的一般對象。然而，他就直白提出，只有預先假定有這些概念，我們人才能有所謂的驗後的知識。即「任何東西才有可能成為經驗的對象」。康德看到了概念先行於經驗，而且肯定了心性早就備有這些純粹概念，但他沒有指出，心性裝有自然世界的一切純粹概念。我們通過中文拼音打字系統的案例，就把康德這個先天概念證明出來了。很多人讀康德，都知道康德的先驗論，都知道康德的「純粹理性批判」說的是人的思維規律、法則。但鮮有人窺見到康德這個先天概念問題，即純粹知性概念這個問題。這就是我稱讚康德為電腦發明鼻祖的有力證據。康德是個形而下之下的哲學家，是個「反身而誠」的哲學家。他把人類形體下那個看不見、摸不著的這個心性認識形式揭示出來了。南宋哲學家陸象山（陸九淵，一九三九——一一九三）說：「宇宙便是吾心，吾心即是宇宙。[32]」就是一個證明。吾心是

31 康德，《純粹理性批判》，華中師範出版社出版，韋卓民譯，二〇〇二年七月第二版，第一二七頁。

32 《雜著》〈陸九淵集〉卷二十二，第二七三頁。

由宇宙生成的，宇宙是由吾心建造的。宇宙運轉的規律、法則的原理，吾心都俱有；自然所顯現的事物，吾心都俱備有純粹的概念。早在八百多年前陸象山就體悟到這個宇宙心，比康德早六百多年。但因中國那時沒有邏輯證明那套東西，人們只有用心體悟，是康德用先驗的邏輯綜合法，才將這一心性證明出來。然而，後世很多哲學家，被理性所蒙蔽，也可說沒有康德這個「反身而誠」的能力，還是沒有看到康德哲學這個先天概念（韋卓民先生譯為「驗前概念」）的問題。至今的辯證法家，走的還是笛卡兒「我思故我在」的老路，當然體悟不到這個先天性概念。這個先天性概念，就是陸象山「宇宙便是吾心，吾心即是宇宙」的槓桿支點。沒有這個先天概念作為根基，宇宙與吾心同一是不能成立的。只有證明出吾心在驗前就有了這些概念，這些概念與經驗後得出的概念是相吻合的，才能說明「吾心即是宇宙」。用通俗的話說，宇宙所有的，吾心也已有，吾心所有的，也是宇宙所有的。

南宋哲學家陸象山是個了不起的人物，他悟覺出這個「宇宙便是吾心，吾心即是宇宙」的原理，是一個石破天驚的發現，他為「天人合一」的中華哲學提出最有力的證據。沒有「宇宙便是吾心，吾心即是宇宙」的同一，所謂的「天人合一」就是天方夜譚。我們也可以說，哲學家陸象山是先驗論的鼻祖，他的先驗論題，被六百年後的康德用先驗邏輯證明出來了。康德說：「完全由於純粹知性才有原理，純粹知性不只是關於發生的東西種種規則能力，其本身就是原理的根源。按照這些原理，凡能向我們作為對象而出現的東西，都必須符合於規則。因為沒有規則，種種出現就絕不能產生與之相應的對象的知識。甚至作為知性在經驗上使用的原理來看的自然律，也帶有必然性的表現，於是就至少令人猜疑到這種自然律是由於一些根據所確定的，而這些根據在驗前先行於一切經驗。[33]」康德這個說法，充分證明陸象山宇宙心的存在。

我們以康德的「純粹知性概念」來說明人心與自然是相通的，以此證明陸象山人類宇宙心的存在。康德這個認識的Form（形式），充分證明驗前純粹知性概念的存在。就是說，只有我們人的頭腦先天就有世界上各種各樣事物純粹概念和運作機能的裝置（康德稱為「Form」和「Kategorien」的東西），而且我們頭腦的那個認識形式和運作的機能是與宇宙世界運行的規律、法則相通的，我們才能在認識世界上的各種各樣事物具有普遍性和必然性。我們試舉趙高「指鹿為馬」這個例子：為什麼人人在心中都知道那是一隻鹿而不是一匹馬呢？也許有人會說，這不是明擺著的嘛，一看就是鹿，它與馬的概念是不同的。但是，我們往更深層次地想想，為什麼趙高牽出來這隻動物一定是鹿而不可能是馬或其他動物呢？說到底還是要追究到人還沒有接收外界事物之前，人腦

33 康德，《純粹理性批判》，華中師範出版社出版，韋卓民譯，二〇〇二年七月第二版，第二〇二頁。

認識事物那個Form（形式）的裝置，就是說，人腦那個機心必然有對外界事物各種概念的驗前裝置，只有這樣，人類才能有一種普遍、必然的看法。不然的話，你看的是鹿，我認為是馬。非洲人說是鹿，歐洲人說是羊，那不是亂了套啦？我們只能說，人人內心必須裝有相同的一個認識的形式，才能有相同必然的看法。這就是康德的「先驗論原理」所說的「Form」（形式）所決定的。為什麼全世界的人都知道鹿與馬是不同種的動物呢？他必然先天有一個形式，這套形式決定著鹿是鹿，馬是馬，是有不同的概念的。人心早就有這個驗前的概念了。就如我們上面所說的中文系統打字，打「W」字母，它必然出現「我、為、文、王……」等，打上「N」字母，它必然出現「你、能、那……」等，它不會將W字母的系列概念錯置到N字母系列概念那裡去。這就是驗前概念所必然決定的。康德這個先驗論，把「我們的知識必然是如此，而『不能不如此』[34]」的純粹概念說出來了。這個「必然是如此，不能不如此」的知識就是驗前純粹知性概念所決定了的。康德的純粹知性概念，就證明出這個普遍性和必然性。

從電腦中文拼音打字這個案例，我們再來看人的這個認識。他看到什麼，聽到什麼，觸摸到什麼，只要客體事物的量達到觸動心靈的反應，認識的形式就發生作

[34] 《雜著》〈陸九淵集〉卷二十二，第二七三頁。

用，我們就知道它是什麼事物；而且還會將它定義、概念化。並且他有一套連結、綜合、統一的功能，把出現雜多的現象整理得有條有理，形成一個系統的世界。這是狗，這是桌子、石頭，這是張三、李四，這是動物，這是植物……他的認識是分辨得很明確的。在人生的世界中，人們對實在物必然有一個共同的看法，狗就是狗，桌子就是桌子，石頭就是石頭，不會有人否認的，這就是所謂的真實。但這個真實是如何得來的呢？必須大家的腦袋都裝有一個相同的基本認識形式，如果某人是特例，看到狗說是豬，看到羊說是馬，那這個人的腦袋必定有毛病了。也就是說他的基本認識形式出了問題。其二是我們經驗後的自然概念，也證實與我們的認識一模一樣，契合自然世界。如我們說乾柴遇到火，它必定會燃燒。我們用這個認識進行實踐驗證，事情的發生，與我們思維得出的結論一樣。這個因果律，看似自然運轉的規律、法則所決定的，但如果你心性中沒有那個規律、法則的機能，你怎麼知道和給它立法呢？如此我們可以說，人的那個知性，是按照自然宇宙的規律、法則所生成的；也可以說，人的那個認識形式，早就包涵自然宇宙的規律、法則。我們人的思維規律、法則，怎麼會這樣切合自然的規律、法則的呢？這就是陸象山的「宇宙心」。康德說：「所以知性不只是通過出現的比較而訂出規則的一種力量，它本來就是自然的立法者。……我們說知性本身是自然規律的根源，因而也就是自然的形式統一性的根源，這種說法乍聽起來似乎十分誇大而悖理，可是這仍然是正確的，而且和它所涉及的對象即經驗是相一致的[35]。」此話如何理解呢？這就是說，在我們還沒有認識自然世界之前，我們的頭腦不僅有一套認識事物的能力，而且早就有一套自然世界的純粹概念。給自然立法，它如果沒有法規，它如何立法？通常理性主義者會說，是人根據自己對自然的觀察、思考，然後對它進行推理、判斷，才得出自然的規律與法則的。自然本就如此，它是客觀存在，何需你人來立法呢？康德這個「本來」，就道出了人本身天生就有一套認識自然的形式裝置（即程式），如果我們以康德的純粹知性概念的圖形法來理解，我們的頭腦先天就存在自然的事物的先天概念。而且知性運作的法則、規律與自然的法則、規律是相符的。「人是自然的立法者」。我們從電腦的原理來看人的認識原理，就會明白，如果說人的腦袋在經驗之前，沒有一套認識的形式，形式裡沒有包含純粹的知性概念，我們能認識這樣那樣的事物嗎？而且我們能保證我們的知識有其必然性和普遍性嗎？很明顯，在我們人還沒有經驗認識事物之前，腦袋就包含自然世界的一切實物的概念（純粹概念）。而且我們的認識範疇是與自然的規律、法則相切

35 康德，《純粹理性批判》，華中師範出版社出版，韋卓民譯，二〇〇二年七月第二版，第一五一——一五二頁。

合的。這套先驗的邏輯機能與自然世界運轉的規律、法則是相一致的，因為我們經驗認識出來的知識，經過實踐的檢驗，與自然很相契合。

我們可以這樣說，電腦程式的裝置，是按照我們人的思維法則、規律來設定的，它給予我們的知識，符合我們的要求，因為電腦是我們人設計裝置的。而吾心那個認識程式的裝置，是按照自然的法則、規律來設定的。因為我們經驗出來的那些知識，與自然世界的規律、法則是相吻合的。那我們人這個心的認識形式裝置，是誰安裝的呢？所以有人認為我們人有如此的認識能力，是有一個神或有一個比我們智力更高的外星人，預先將這個心性形式裝置上去的。不管怎麼說，「而這些根據在驗前先行於一切經驗」，這是不容置疑的。以陸象山先生的說法，就是吾心早就裝置一套宇宙的原理，宇宙如何運作、變化與吾心的思維法則、規律是一樣的。也可以這樣說，作為自我，它有一套宇宙的原理在那裡，它思維的法則、規律就在那裡擺著；你的認識程式就如此，你再怎麼努力，再怎麼突破，也不能衝出你這個宇宙心，這個心早有一個認識的範疇，它是有一套邏輯法則和機能規定著你思維的法則與限度的。一個人就是一個宇宙心，宇宙便是他的心。

五、對知性能力的分析

我們說明了純粹知性概念的存在後，再來看看康德的認識範疇。在這裡，我們要特別指出，康德是將感性與知性分開而論的，他認為概念只能由知性判斷得出，概念與感性無關。他說：「所以知性所產生的知識，（或者說至少是人類知性所產生的知識，）必須是通過概念而生的，因而不是直觀的，而是論證性的。……概念以思維的自發性為基礎，而感性直觀則以印象的感受性為基礎。但是，知性能利用這些概念的唯一方法就是用它們來進行判斷。[36]」

所以康德就把認識的判斷能力羅列出四大邏輯機能，每項邏輯機能又有三個子目。這四大認識邏輯機能如下：

[36] 康德，《純粹理性批判》，華中師範出版社出版，韋卓民譯，二〇〇二年七月第二版，第一〇四頁。

一、判斷的量：a，全稱的；b，特稱的；c，單稱的。

二、判斷的質：a，肯定的；b，否定的；c，無限的。

三、判斷的關係：a，直言的；b，假言的；c，選言的。

四、判斷的模態：a，或然的；b，實言的；c，必然的。[37]

這就是康德說的人的知性邏輯機能。如依康德說的，那我們直觀到的東西都是印象，而不是知識。那我看到一張桌子，這張桌子就被我直接認識了。直觀怎麼就與概念無關？在此我認為康德將感性與知性絕緣分開而論是錯誤的。何以會出現這樣的錯誤，我下面將論到。

康德還根據亞里士多德的邏輯概念範疇，列出一個知性概念範疇表：

一、關於量：單一性、多數性、總體性。

二、關於質：實在性、否定性、限制性。

三、關於關係：依附性與存在性（實體與偶性）、因果性與依存性（原因與結果）、交互性（主動與被動之間的相互作用）。

四、關於模態：可能性↕不可能性、存在性↕非存在性、必然性↕不必然性。

37 康德，《純粹理性批判》，華中師範出版社出版，韋卓民譯，二〇〇二年七月第二版，第一〇六頁。

康德認為：「這就是知性驗前地包含於自身中所有綜合的一切本源之純粹概念表。[38]」

康德還認為：「範疇不過是思想的形式，只包含著驗前把直觀中所予的雜多統一在一個意識裡面的純然邏輯的能力；因而離開對我們來說的唯一可能的直觀，則各範疇甚至還不如純粹感性形式有意義。[39]」康德以這個認識範疇來統領他的先驗知性論，即「先驗的綜合判斷如何可能？」康德在這裡列出的是形式邏輯機能，實際上康德說的是先驗邏輯機能。我們要在康德所創的先驗邏輯來理解康德的思維規律和法則，否則我們就很容易滑入到分析判斷中去，從而誤解康德的綜合判斷如何可能的先驗哲學。黑格爾就是如此誤解康德哲學的，他說：「康德特別要求在求知以前先考驗知性的能力，這個要求無疑是不錯的，即思維的形式本身也必須當作知識的對象加以考察。但這裡立即會引起一種誤解，以為在得到知識以前已在認識，或是在沒有學會游泳以前勿先下水游泳。……康德對於思維範疇的考察，有一個重要的缺點，就是他沒有從這些思維範疇的本身去考察它們，而只是從這樣一種觀點去考察它們，即只是

[38] 康德，《純粹理性批判》，華中師範出版社出版，韋卓民譯，二〇〇二年七月第二版，第一一四頁。

[39] 康德，《純粹理性批判》，華中師範出版社出版，韋卓民譯，二〇〇二年七月第二版，第二八四頁。

問：它們是主觀的或者是客觀的。[40]」可以說，黑格爾沒有弄明白康德的先驗邏輯論，就用兩分法的辨證邏輯對康德的認識範疇進行分析。他說「會引起一種誤解」其實是他的誤解。前面我們已說過，康德自認他的哲學是三分法的，而不是兩分法的，也就是說，康德說的是「驗前的綜合判斷如何可能？」而黑格爾竟用分析判斷如何可能去理解康德的哲學。我稱黑格爾為邏輯萬能論者：先認定邏輯思維是不會有錯的，思維有其客觀性，那麼他根據邏輯推理、判斷、概念得來的東西就不會錯了。他因此就運用邏輯上下折騰進行辯證，事物從有無開始，進行否定之否定後，達到最後的對立統一，如此就獲得了絕對的精神。所以大陸哲學界有人稱康德為「主觀唯心主義者」，稱黑格爾為「客觀唯心主義者」。唯心本身就是主觀的，何謂客觀唯心？就是黑格爾視思維也是客觀的。實質是他視其辯證邏輯有其普遍性和必然性。因此他辯證出來的知識內容就是絕對可靠而是正確的。

我們通過康德的認識形式和先驗知性邏輯機能的認識範疇進行關照，可以看出，人這個心性，他有想像力，有聯結、綜合、統一的能力。即有一套綜合判斷的認識能力。他會把客體對象有機地聯結、綜合、統一在「機心」中。這是張三，這是李四，

40 黑格爾，《小邏輯》，商務印書館出版，賀麟譯，一九八〇年七月第二版，第一一八—一一九頁。

這是狗，這是貓，這是動物，這是植物，等等，他的「機心」都分辨得很清楚。而且他通過想像力，又可將經驗後的事物進行聯結、綜合，再產生許多新的複合性概念。這一套認識能力，就是康德說的先驗邏輯機能的作用。這套邏輯機能是先天地裝置在我們的心性裡面的。也就是說，每一個人，他的先驗綜合判斷能力是天生的。如此看來，康德所說的這個認識範疇，就不單單是說認識的規律和法則，還有說到認識的能力問題。我們拿電腦所編寫的程式來看，一個程式能給我們所需要的知識，它必定有一個認識的範疇，如何運作？有甚麼能力？它的知識擴展和力度有多大？它必定裝有一套先驗的綜合判斷邏輯機能，否則它就沒有規律和法則，我們人就無法使用了。也就是說，我們無法得到所需要的知識了。可以說，康德這個先驗知性論，完全具備一個電腦程式所需的基本功能。也可以這樣說，電腦所有的程式，必須具備康德的這個先驗論原理。只有具備「驗前的綜合判斷是怎樣成為可能的？」的理論基礎，電腦的每一個程式才得以成立。

不過，康德視一切認識都是現象，不是物自體，在哲學的徹底性來說或許是明智之舉，但在哲學的樸素性，明晰性的初步階段來說，就很難令人信服了。我明明看到一條狗，這是真實無疑的，你總不能說這是一個現象，而不是什麼狗等之類的東西吧？康德之所以有此錯誤，我認為是康德不承認有感性認識。我看到一張桌子，這桌子就直接被我認知，這過程是不需要什麼判斷的，也是不需要什麼論證性的。這種感性直觀認識事物的例證很多，在我們的日常生活來說，是不需要論證、判斷的。康德把感性與知性的功能絕緣分開，他把感性直觀只能得到印象，與概念無直接的關係，只有通過知性，才能與概念發生關係。類似這樣的錯誤，在康德的《判斷力批判》一書論述其審美觀也同樣出現。他稱自然美是沒有概念的，也沒有利害關係的，它是沒有目的性而符合目的性的一個先驗判斷。如我們看到一朵花美，是一下感受到它美，說不出什麼理由和關係，它是直接引起心靈愉悅的。這個美不就是感性直覺嗎？康德還設有介事地說有什麼四個契機，進行一番審美判斷。我覺得很奇怪，這朵花我一看就覺得它美，沒有什麼讓我想一想的思維啟動？我看這個美就不需要什麼判斷，這就是所謂的「自然美」。所以在這裡康德把感性與知性的能力分開來論述是錯誤的。康德將德文 aesthetisch 原本意是「感性的」，作為他美學的「審美的」用辭，在他的《判斷力批判》的審美判斷經常用到此詞，這就說明所謂的「審美」，它是感性的，即是一個感性認識。我知道對象的美，是一個感性直覺，而不需經過甚麼判斷，進行一番論證式的審美。看來，我們要解決康德這個哲學難題：現象與實體、實體與物自體如何劃分？需要先對康德先驗哲學的一點修正。這個修正就是從康德的認識形式（Form），過度到認識的程式（Formel）。下面我們很快就論到。

我們現在先來說說經驗性的概念如何形成的。

我們說了單數的概念有其純粹的驗前裝置，我們再來看複數的概念。複數概念是用推理、判斷得出來的概念。它不是直接性的認知，它是經過思維的思想，經過邏輯思維推理、判斷後，才得出的概念，這是一個經驗後的概念。我認為，這個驗後的複合性概念也有其部分的先驗性。我們拿中國古老的《易經》來說明康德這個純粹知性哲學原理，就很容易理解了。

《易・繫辭傳・上》說：「是故《易》有太極，是生兩儀。兩儀生四象。四象生八卦。[41]」由「八卦」再生出「六十四卦」。原來這個「太極」心機，它是由一個先驗邏輯的組織性原則發展出來的：一生二，二生四，四生八……由此一直生出千萬萬數來。據說比爾蓋茨創造出今天普遍使用的電腦系統，就是從中國古老《易經》的這個「八卦」原理得到啟發的。我們不管這是否是事實，但電腦的原理確實是與《易經》所說的原理相通。我們再舉中文拼音輸入法系統打字的例子：當我們使用過「A、B、C……」等字母的中文字後，我們將兩個或多個字母連結起來，它就會出現多個詞組的概念來。如我們輸入「WM」就會出現「我們、文明、外面、完美、

41 《周易正宗》，華夏出版社出版，馬恆君譯著，二〇〇五年一月北京第一版，第六三五頁。

網民……」等一系列詞組。它為什麼會出現這些詞組呢？這就是我們通常所說的「聯想」功能。電腦根據聯想的組織性原則，它會推理出許多詞組來。我們根據電腦這個功能，再聯繫到人這個認識程式，你就明白那些推理、判斷出來的概念是怎麼一回事了。原來都是心機聯想的組織性原則在起作用。他會根據「W」的詞和「M」的詞，通過邏輯聯想，就產生出許多新的詞組來。這些詞組是不同的概念，看上去好像雜亂無章，沒有什麼關聯；但我們根據這些詞組，再作進一步的分析，它是有邏輯規律性的。如上面提到的電腦輸入「WM」字母打字，它雖然出現「我們、文明、外面、完美……」等詞組，但決不會出現「你們、他們」或「豬狗、主觀……」等詞組。這就說明，當初那個創造這套拼音輸入法的設計者，早就有一套「認識的範疇」，這套「認識範疇」必須符合我們的思維邏輯，「WM」出現那些詞組，不出現那些詞組，必然有一套規則，不是亂來的。以拼音輸入法來看，「WM」出現的詞組，必然與「W」的詞和「M」的詞有關聯，兩者的詞經過聯想組合成新的詞組。所以說，它出現新的詞彙是有規律和法則的。以此來看，「WM」所出現新的詞組，「我們、文明、外面、完美、網民……」等，是根據出現而再生的概念。這套詞組概念的擴張原則和規律，在驗前就包含在「拼音輸入法」的程式裡面。你輸入東西（對象）後能出現什麼不能出現什麼？這是程式功能所決定的。也就是說，是它的認識範疇邏輯機能所決定的。通常我們人有想像力，可以隨意地將這個像與那個像誇張變態，組成所謂新的複合性概念，以為人可以天馬行空地製造出許多新概念，實則人的認識是有一定形式的，不是亂七八糟的。它也是有規律和法則的。這個規律與法則，就是康德說的先驗邏輯機能的認識範疇。

我們從電腦中文打字拼音輸入法系統可以看出，這套程式，二十六個英文字母包涵所有中文字的純粹概念。它是以中文字讀音打頭的字母來排列的。有一個基本單詞群。如，「Ｗ」它有「我、為、問、位、聞、無、文……」等基本單詞；「Ｎ」它有「那、能、你、呢、年、女……」等基本單詞。而「ＷＮ」又可組成一些新的詞組。如「往年、晚安、無奈、溫暖、晚年……」等等，但這些詞組是在經驗後才有可能出現的。即必須我運用過「往」字和「年」字後，然後將「ＷＮ」結合，才能組合成新的詞「往年」。如此類推下去，這些字母放在一起，可以組成很多詞，三、四個字母，也可以組成詞語或成語。聰明的電腦，也可產生聯想，五六個字母連在一起，也可以打出一個句子。如此下去，它可以產生出千千萬萬個詞語和句子。但是，我們來看那些組詞和句子，孤立來看，「往年」與「晚安」，是沒有甚麼邏輯關係的，但我們把「Ｗ」與「Ｎ」聯繫來看，原來它們都有一個詞基，第一個字是「Ｗ」所產生的，第二個字是「Ｎ」所產生的。「往年」與「晚安」，它們的出現，有一個必然的邏輯關係，不是沒有法則的。如上的詞組，我們再來一個反證，「WN」雖然出現「往年、無奈、晚安……」等，但決不會出現「往奈、晚奈」等，往奈、晚奈在W字母和N字母都各有一字，為甚麼它聯想不起來呢？這說明這套程式，不僅有聯想的邏輯功能，而且還有一套的認識法則，它是有邏輯法則和規律的。在我們人來說，沒有這樣的詞組，即不合邏輯法則，表達不出甚麼意思。所以我們打「WN」，它沒有出現這樣不合邏輯的詞組。即沒有出現表達不出意義的詞組。

通常我們人所產生的意識，從經驗中得到的知識，由於他有想像力、情感、愛好、意志、意識的意向性等等在作用，與電腦有很多不同。他可以隨意地產生知識，如我可以將一張秋天落下的紅葉當作愛情的相思物。這好像是沒有甚麼邏輯法則和規律的，看來好像意識可以隨意地產生。但從康德的先驗論來看，他是受限制的。首先是出現的限制，沒有出現，也就沒有知識；只有對象的出現與純粹的知性能力發生作用，才能得出知識。其次是出現受制於先驗邏輯的作用。它對現象的認識，是由他的驗前純粹知性形式所決定的。能產生甚麼樣知識、產生多少、有什麼限度？這都包含在先驗的邏輯能力之中。最明顯的就是聰明與愚蠢的區分，為甚麼他對某一現象就可以推理、判斷出其他概念，而一些人就只能推出一個概念或推不出一個概念？正如我們上面所舉中文電腦打字的例子，有的輸入法程式不夠聰明，只出現幾個詞，而有的輸入法很聰明，同樣輸入那幾個字母，它既可以出現很多詞。這就是驗前他所編的程式所決定的。而出現與先驗邏輯發生作用也是有限制的，如我打M字母，經常用「我、為、問」等字，沒有用過「往」字；而N字母也只用過「那、你、能」等字，沒有用過「年」字，我將WN結合一起打字，它也不會出現「往年」這個詞組。為什麼？因為「往」和「年」兩字在兩個字母W和N都沒有出現過（使用過，即沒有經驗過），它就沒有聯想的根據。原來，這個邏輯的組織功能，不僅有聰明和愚蠢之分，還與經驗後的知識出現有關。沒有經驗，就沒有新詞組。就是說，打「WN」出現什麼詞組，一則有驗前邏輯根據。二則受到經驗的限制。人的認識，首先是通過感性直觀的現象與純粹的知性概念發生作用，得出知識。然後根據知識對象的再現，再與邏輯機能發生作用，再生出新的知識。這個知性能力有一套邏輯機能，即康德說的認識範疇的綜合統一能力。也就是說，我們的意識，看似雜亂無章，可以天馬行空，實則他是有一個範疇的。

正如我們舉出的中文打字系統那樣，打WN，有出現「晚安、溫暖、未能……」等，但不可能出現「你他、天年、可能……」等。這是中文打字系統那套Form（形式）驗前就決定了的。也就是說，這個詞與那個詞可以連結，這個詞與那個詞不可以連結，它有規律和法則，有一個認識的範疇。可以說，當初它設定的那個程式就決定了。能認識什麼？不能認識什麼？能認識多少？達到什麼程度和範圍？它是有一個認識範疇的。我們人的認識也是這樣，他逃不出這個先驗邏輯範疇。我們人有一個想像力，看似想得很遠很遠，沒有盡頭，實則他是有一個限制的。康德曾舉出柏拉圖的理想國，以為他可以自由地在空中翺翔，殊不知，沒有空氣的阻力，他就從空中掉落下來[42]。就是說，柏拉圖想拋棄所有的經驗，建立一個純粹的理想國是不可能的，沒有經驗知識做建築的根基，它就轟然倒塌。而他認為可以建立起來的理想國，也只不過是空中樓閣而已。我們從電腦中拼音打字的案例可以看出，經驗後的複數詞組，能產生多少？如何產生？也是受程式的限制的。我們明瞭康德這個先驗論後，就知道意識來源的根在那裡了。原來人的腦袋，早就有一套認識的程式在那裡，這套程式與出現互相作用，就產生知識。我們知道，這套人的認識程式，首先是要有感性直觀為條件，而感性直觀則是以空間、時間為形式的，這個空間、時間是無限的，加上物質的無限可分性（物自體的不可知），這樣，直觀的對象只是某一空間某一時間的出現，知性對這一對象的認識，也是僅就現象而言，先驗邏輯只是根據出現量的多少進行判斷。而認識的鏈條根本無法中斷，他可以無限地認識下去。這樣說來，我們的認識就

[42] 康德，《純粹理性批判》，華中師範出版社出版，韋卓民譯，二〇〇二年七月第二版，第四一頁。

沒有絕對了。也可以這樣說，我們的認識是無止境的。我們不斷產生各種具體的知性概念，這個「三生萬物」是無窮無盡的。而認識的事物，不可能是全而圓滿的，我們可以說掌握現象的本質，但不可能掌握事物的本質。所謂的行業無止境，就是每一事物，你都可以永遠追求認識下去。這就是我們古人說的，一條棍棒，折成兩半，再折成兩半……永遠可以折下去。我們人類心性那個認識形式，決定著我們的認識不可能有絕對。如果有人說，他已經全面認識了宇宙世界，那證明這個人非常狂妄；由此我們也可看出，他所說全面認識了宇宙世界，只是理性的一個觀念而已，這個觀念也就是黑格爾「否定之否定」的對立統一，並非真的就把宇宙世界全都認識了。康德說的「物自體」不可知是正確的，這是認識程式與出現內容所決定了的。

我們從康德這個先驗論再進一步深入分析，去尋找認識的源頭。我們將經驗得來的概念除去，就會在沒有知識的後面悟到一種東西，這種看不見，摸不著的東西就是驗前的概念。我們通常會認為，沒有對象的出現，哪來概念？如我沒有看過或聽說過一張桌子，我當然也就沒有這張桌子的概念。但是，我們根據康德的先驗論來看，其實，我還沒有看到過桌子之前，我頭腦早就有一個桌子的驗前概念了。我們舉出電腦中文拼音打字系統的例子就證明出來。驗前沒有一個純粹的知性概念，他不可能得到知識。而他即使得到知識，他的知識也不是必然是如此的。就是說，他看到一張桌子，就不必然是桌子，有可能是其他雜亂無章的東西。一個必然是某某東西，而不是某某東西，它就是驗前決定了的。如果說驗前決定了的東西，沒有一個驗前的概念來規定，那是不可能的。這個與現象有關的概念，是在驗前就存在的。我稱康德這個純粹知性概念，叫做「無形的概念」。它沒有與現象發生作用，它就沒有顯示出來。我們也不知道是怎麼一回事。但是，這個無形的概念，我們不能否定它的存在，它就置在我們的腦袋之中。只是沒有出現，我們意識不到它而已。如此我們可以說，人認識一切事物，是先有概念，而後是推理、判斷等綜合統一機能。推理、判斷的邏輯機能，是如何將對象放進哪個概念的位格。概念是先行於現象的。我們再以電腦來看這個問題，就很清楚了。我們運用電腦，我們想要獲得某類知識，那麼這部電腦必定要裝置一個獲得這類知識的程式，這個程式必然要包含這類知識的基本概念，這些概念我們是看不見，摸不著的，它只是在程式裡備有，只等待你應用時輸入東西與它相結合才得以顯現。這就是我說的概念空位格。相對於經驗性的概念來說，它是空概念；但就程式本身來說，它其實是有的。程式本身必然包含這些概念。這就是康德稱為「純粹知性概念」的東西。這些概念包涵在程式裡，沒有與對象發生關係，所以它是「純粹」的。看來，在我們的心性裡，應該裝有一套認識的程式。這套程式包涵甚麼東西呢？

六、宇宙心的證明

康德已證明出人類心性有純粹的知性概念，但他沒有直接宣佈人的那個認識形式（Form）包含所有具體的純粹知性概念，只是說這些概念「先行於經驗對象」。他說：「我們將追溯純粹概念在人類知性中的原始種子和最初傾向，這些種子與傾向原來就在人類知性中備有，等到最後有經驗發生，它們才得到發展。而且這同一知性在它們擺脫了附加上的經驗性條件之後，其純粹性乃顯示出來。[43]」既然我們每認識一個事物，那個概念都是先行於經驗對象的，就是說，我看到一條狗，即在我們心性裡面那個純粹概念先於狗這個對象出現的，這個純粹概念是先在心性裡備有的，是它先出來迎接那個對象狗，與對象狗結合後才得出那個經驗性的知識，得出狗的概念。

[43] 康德，《純粹理性批判》，華中師範出版社出版，韋卓民譯，二〇〇二年七月第二版，第一〇三頁。

那麼我們就可以說，整個心性，它是包涵所有自然宇宙世界的純粹概念的，否則，我們就不可能每認識一個事物，都有一個概念先行於對象。我們在〈對純粹知性概念的分析〉一章中，以中文拼音輸入法做例證，已證明出這個純粹概念的存在。但康德沒有直接說明認識的形式包涵所有具體知性的純粹概念，既然這些純粹概念在人類知性中備有，而且我們認識某一事物，那個純粹概念又是「先行於經驗對象」的，為甚麼康德不宣佈說人類心性存有自然宇宙世界的一切純粹知性概念呢？這是康德將感性與知性分開而論的結果，他把感性直觀不能得到概念，只有知性才能得到概念，他說：「所以知性所產生的知識，（或者說至少是人類知性所產生的知識，）必須是通過概念而生的，因而不是直觀的，而是論證性的。……概念以思維的自發性為基礎，而感性直觀則以印象的感受性為基礎。但是，知性能利用這些概念的唯一方法就是用它們來進行判斷。[44]」其實，那些純粹概念是可以直接與感性直觀相認識，得出知識的。康德把感性與知性分開，是因為他過於嚴謹的科學態度捆住了他的思維，那些看不見，摸不著的概念，你要拿什麼證據說出來？這是非常困難的。因為人本身不是創造者，要他來說創造者的事，是很難說明白的。若純粹知性概念不能通過感性直觀而得

[44] 康德，《純粹理性批判》，華中師範出版社出版，韋卓民譯，二〇〇二年七月第二版，第一〇四頁。

到，要通過思維判斷才能得到，他就沒有充足的證據說心性包涵所有的純粹概念了。而且康德只是將他的「驗前的知識」以 Form（形式）來關照，沒有將形式進一步推上「程式」（Formel）來關照，他就不可能說明每個具體的經驗性概念都有其純粹的知性概念。如果沒有現代的電腦發明，我們也很難舉出例證，去證明這個先天性的純粹知性概念原理。其實，康德的認識形式（Form）和認識範疇（Kategoien）、以及他的「驗前的綜合判斷是怎樣成為可能的？」的先驗原理，已具備證明人類心性這個認識程式的存在。康德說：「所有範疇都是對出現驗前的規定其規律的概念，因而也就是對自然，即一切出現的總和（natura materialiter spectata，從物質方面看的自然）規定其規律的概念。」因此就發生了這個問題，怎能設想，自然會按照範疇而進行，而範疇卻不是從自然得出來的，也不是模仿自然的模型的？就是說，範疇怎能在驗前確定自然的雜多的聯繫，而卻又不是從自然得出來的？

下文就是解決這個表面上的迷的。

自然中種種出現，其規律必須與知性及其驗前形式相一致，與其聯繫一般雜多的能力相一致。它和出現本身必須與驗前感性直觀的形式相一致、是同樣的，都沒有什麼可令人驚奇的。因為，出現並不存在於自身中，就主體具有感官而言，出現只是相對於它們所依附的這種主體而存在。規律也是這樣，規律並不存在於出現中，而只是相對於具有知性的這同一主體相對地存在。物質在其本身必然在認識它們的任何知性之外，符合它們自己的規律。但是出現只是事物的表象，至於事物就其本身來說究竟是什麼，則是不可知的。僅僅作為表象來說，出現除聯繫的能力所規定的規律以外，不受其規律所支配。[45]」康德這個說法，就等於說，宇宙是由吾心生成的，吾心是按照自然規律、法則建造的。那套知性認識的先驗邏輯為什麼能與自然規律、法則相一致？特別是我們看自然的因果律，你就明白康德所說的先驗邏輯的道理了。自然種種出現的雜多，這個雜多的現象是不會自己連結、綜合給出因果關係的，只有心性有這個先驗邏輯機能，才能給予這些因果關係來。我們說乾木柴是會著火的，我們用火去點燃它，果然著火了。這個因果關係是如何得到的呢？表面上看，是大自然的物質運動變化規律、法則，但如果我們的心性沒有裝有這個規律、法則的先驗邏輯機能，我們是悟覺不出這個因果關係的。這就是人們常說的，其它動物、植物都沒有的，唯有人才有的理性。

我們現在來看看電腦的程式，以此再來說明人類這個認識的程式。

我們還是以中文拼音輸入法這個程式做列舉。

[45] 康德，《純粹理性批判》，華中師範出版社出版，韋卓民譯，二〇〇二年七月第二版，第一七七—一七八頁。

首先，它要有一個形式。二十六個英文字母作為基數，按中文拼音讀音打頭字母進行分類，將所有字典的中文字純粹概念都植入到這二十六個字母中。也就是說，二十六個英文字母，包涵所有中文辭典字的純粹概念（即程式裡的編程概念），然後，這套程式要有聯想、綜合、統一的功能，這套功能就是先驗邏輯機能，那個字與那個字可以結合，組成新的詞，這個字與這個字不能結合，組合不出新的詞，它都有一套規律和法則，所以它是有一個認識的範疇的。整套程式，它是一個有機的系統。如何運作？即它是有一套運作程式的。

從中文拼音輸入法這個程式我們可以看出，要編寫一套的程式，其一要有一個形式做基本的架構，這個形式包涵這類知識的最基本的純粹概念，即作為基數編碼，然後這些基數概念可以在一個認識的範疇中進行發展。即程式必須具備一套先驗邏輯機能，如聯想、綜合、統一等等的邏輯機能，這套邏輯機能可以使程式有機地向前發展。可以說，要編寫出一套程式，必須按照康德的「驗前的綜合判斷是怎樣成為可能的？」這一原理來進行的。如電腦的象棋程式，人很難戰勝它，就是它有一套周全的先驗邏輯機能，即「驗前的綜合判斷是怎樣成為可能的」的邏輯機能。你走這一步，它就知道要走那一步來對付你。當然，這套程式的計算，是數學式的編程，而人的認識程式，還涉及到情感、意志、興趣以及生理構造有關。他不單是數學的，有可能涉及到物理的力學，有些是生物學的。

康德的先驗哲學給我們四點證明：一是我們人的頭腦有一套驗前認識基本形式的裝置；二是這套形式裝有一套自然世界的純粹概念；三是他有一套認識的範疇，是有一套先驗邏輯機能的，即它必須具備一套的認識規律和法則；四是這套認識的程式有連結、綜合、統一的能力，形成一套有機的認識系統。就如上面舉出的中文拼音輸入法說的，我們打「WN」，可以出現「無奈、晚安、往年……」等，為什麼出現不了「往奈、聞拿、位呢」等呢？就是說，設計中文拼音輸入法這套程式的人，他必須在這套程式裝置一套綜合判斷的先驗邏輯機能，而且這套先驗邏輯機能必須符合我們人的思維規律和法則，否則我們就不能獲得我們想要的知識。如果我們打「WN」出現「往奈、聞拿、位呢」等亂七八糟的東西，就說明那套先驗邏輯機能與我們的思維規律、法則不相一致了。這就說明，我們人類的認識程式，也要符合自然宇宙世界的發展規律和法則，否則我們經驗後所得知識就不能與自然世界的變化發展相吻合。這個認識程式，首先必須備有各種實在物質的純粹概念，即有一個總體的自然純粹概念做基數編寫的程式，然後以一個認識範疇的先驗邏輯機能有組織地、數學式地、有機地深入發展，如此「三生萬物」一直無止境。

從康德這個先驗感性論、先驗知性論，我則悟覺出人類這個認識的心性。我們將康德的認識形式（Form）、認識範疇（Kategoien），以及先驗邏輯機能，根據電腦的程式，推展為認識的程式（Formel）。以此程式去關照，去探討我們的認識根源，我們就明瞭哲學家陸象山所說的「宇宙便是吾心，吾心即是宇宙」的道理了。原來人天生有一個認識的程式，這個認識的程式，基礎形式裝有自然世界事物先天的純粹概念，即各種現實事物的純粹知性概念，這是人類心性的最基本的存有。就如中文系統打字的拼音輸入法，二十六個字母作為基數編碼，將中文字典所有字的驗前概念按字母排列植入這些字母。一打那個字母，它就顯現那個拼音打頭的中文字。我們人的認識程式也是這樣，驗前已裝有宇宙世界的一切自然純粹概念。我們人看到什麼，即刻可以知道它是什麼，這就是感性直觀與純粹概念直接相照應。那個現象量足夠刺激我們的心靈，它就直接被我們所認知，它是沒有經過甚麼判斷和論證的，而且是不能否認的，它是必然而無疑的。這就是我們通常說的常識或說真實的東西，我稱為一般時真理（一般時真理：我在我的《老莊道無哲學探釋》一書稱常識為一般時真理）的東西。這個先天的概念，一般正常人都具有。這就是我前面所說的，趙高牽出來的是鹿而不是馬的堅實憑證。有些人不懂得甚麼叫概念、判斷，但人人都知道那就是鹿，就是這鹿有一個驗前的純粹概念，一看到牠，就印在那個先天的概念了，那個心是不能否定的。可以這樣說，凡直觀到的都是實在的，凡實在的都有其驗前純粹知性概念。儒家哲學所講的誠，也就是由這個純粹概念做保證的。明明看到的就是鹿，牠是直接與心性相照應的，是不容辯解的。你說是馬，就是不誠了，撒謊了。這就是儒家作誠悟天道的基礎。他們看到人類心性有一個基礎性的東西，即與心性相照應的那個一般的「真實」。這個真實為什麼不容辯解呢？就是人的大腦都有馬和鹿的驗前概念。可以這樣說，他的心性有各種不同的概念模型在那裡，你鹿的形象即印上鹿的模型，而馬的那個模型是空的，或是馬的模型早就被馬印證。他自然就認定你牽出的是鹿而不是馬。我們從人心性這個誠來看人這個認識的程式就很清楚了，全世界的人，如果他神經沒有出現什麼毛病，一定認為趙高牽出的是鹿而不是馬，因為人有一個基本的驗前概念裝置。即先天的自然概念裝置，這是不需要經過判斷、論證就可直接相照的。只有這個保證，人才有所謂的常識、公理。人根據這些常識、公理來訂出基本行為公則、道德規範，所謂天賦人權這些基本概念才能得以成立。不然的話，我們人就無所適從了。人類為什麼會有誠實不誠實的問題呢？如一個作偽證的問題，有偽證就有真實，那個人寧願受到懲罰也不願作偽證，因為那個真實在他的心性應證了那個純粹的概念，他的心性命令他不能撒謊。其實，這就是我說程式的純粹概念做保證的，因為你的心性有一個驗前概念，你看到這個事實一下與那個概念相照應了，心是不能否認的。這就是我們所說的「事實勝於雄辯」。

我們從康德說的「物自體不可知」所引起的爭議就可以看到，明明我們人看到的是某物某事，這是確切無疑的，可是康德既說我們認識的都是現象，不是物自體，物自體是什麼，我們是不可能知道的。之所以發生這樣的問題，就是康德將感性與知性分開。在康德那裡，是沒有感性直覺認識的，只有通過知性與概念發生聯繫才產生知識。也可以說，康德沒有看到人這個基礎性的純粹知性概念。康德的感性直觀，是以時空為形式，得到的只是印象，他要轉變為知性的形式，經過連結、綜合、統一等判斷，才能得出概念。所以這個認識，由出現，形成印象，由印象轉入認識的形式，然後才由知性作出判斷，得出概念。如果是這樣的話，我們就沒有直接的認知了。如果沒有直接的認知，要經過思維判斷，墨翟的「白馬非馬」就可以成立了，趙高指鹿為馬就無真偽可說了。人這個認識的程式，他有一個包涵宇宙世界各種各樣事物概念的基礎構造。這個心性基礎的形式，可以直接認識耳聞目睹的一切事物，是什麼不是什麼，非常清楚，沒有含糊，它是直接與純粹知性概念相照應的，這是誠信的基礎。就如中文拼音輸入法，我們打那個字母，出現什麼字，是非常明確而無疑的。因為每一個英文字母，包含哪個中文字，它都裝有一個純粹的中文字概念而固定了的。我們明瞭這個人的基本認識程式，明瞭這個人類的先天概念，就不會懷疑我們看到一條狗不是狗，看到張三不是張三。實物是不可懷疑的。這就是他基礎性的純粹概念所決定的。

而根據經驗性概念的出現，它就以一種組織性原則，以數學式的擴展，發展出各種各樣的複數概念，以此無窮式推演下去，就得出康德物自體不可知的主張。所以經驗性的推理、判斷出來的概念，就值得懷疑與質問了。佛家的所謂「實像、假像、幻像、虛像、無像」就出來了。因為那個認識的程式，其本身就存在這樣追蹤探究的先驗邏輯法則，他要對事物追根問底。由於時空的無限性，加上物質的無限可分，我們人的認識就無法找到絕對。沒有絕對，理性的二律背馳就出來了。是否是真？有沒有真實的東西就值得懷疑了？因為那個因果律的鏈條是不能中斷的。如我們追蹤人是怎麼來的？有張三的存在必定有生他的父母，有父母必定有他的祖父母，祖先的祖先，一直追究下去，追到最後的祖先、亞當與夏娃，還是不能解決問題：亞當與夏娃是哪裡來的呢？只能說是神造人或是物質演化自變而來的，有人歸之於無中生有。任何一個物象，都可以無窮無盡地追蹤下去，這就是康德所說的「物自體不可知」，我們所認識的只是現象而已。康德認為理性概念是由邏輯的三段論推理、判斷出來的，理念是個假設的命題，是不可以實證的。然，如果說我們認識的都是現象，那就沒有真實了，我們的一切知識就值得懷疑了。甚至連我們人也懷疑自己的存在。我說你這個人不是人，只是一個現象，能說得通嗎？他不把你痛打一頓才怪了。所以，我們根據康德這個純粹知性概念，以及他的先驗論來追蹤認識的根源，我就得出人這個認識的程式：他是有一個宇宙心的，有一套宇宙純粹自然概念做基礎的程式，是經驗性的知識將這根基打亂了，使我們懷疑我們的知識來。也可以這樣說，人人都裝有一個實物的基礎性驗前純粹概念，有一個人類共同的認識形式，但發展到複合性概念（經驗後複合性概念），就人人有所不同了。一則是人的認識範疇不同了（愚智的區別），二是經驗性的出現不同了（包括接受觀念性的教育不同），他的意識就意向性地向前發展，一直沒有一個絕對。

我們再來看電腦本身，我們用的電腦病毒太深，無法解毒時，我們要使電腦恢復正常，通常是洗去電腦所有輸入過的東西。在作業時我們就看到電腦有很多密密麻麻的格子，這些格子有的是實的，有的是空的。這就說明空格子是沒有東西的，實格子是裝有東西的。我們根據康德純粹知性的圖形法的論述，那些空格子就是驗前的概念，而實格子是驗後的概念。心理學家說人腦有多少千千萬萬個億神經細胞，我看這些細胞就如電腦的空格子。你有一的出現，他必定會有二在等候出現；有二的出現，三也就接著而來。這些概念是有機的組織，而且是必然產生的。就是說，認識產生什麼概念，如何產生，它必然在先驗邏輯的機能和認識範疇之下。我們通常以為，人首先通過推理、判斷，然後才得出概念。我則認為是概念在先。康德已證明出「純粹知性概念」在驗前就有的。康德稱為「先驗或說超驗（Transzendental）」的東西就是人頭腦中的那套認識程式有一套超驗的邏輯機能。康德說的先驗邏輯，與形式邏輯是有區別的。形式邏輯是分析的知性，而先驗邏輯是綜合的知性。可以說，我們人所有的知識概念，早就包含在這個先驗或說超驗的認識程式之中。我們如今用電腦實例做對比，康德的論述就清楚了。那個先驗或說超驗的概念，總是在出現的前面等著你經驗的東西與它相結合。在新娘子沒有出現之前，先生已在門口恭候了。

可以說，複合性概念，也有其先驗邏輯法則，也有其純粹的知性概念，是推理、判斷將其放在那一個概念的位格而已。這就是為什麼會有概念的對錯，會有理性的錯誤。人的頭腦，裝有千千萬萬個億的所謂神經細胞，這就是概念的空位格。那些經過推理、判斷出來的知識，表面上看，這個概念是由推理、判斷出來的，實則是推理、判斷把對象放在哪個概念的位格。這個先天的概念，肯定有在我們的腦袋裡。因為假如沒有一個純粹的概念，這個驗後的對象不可能有一個安住所。沒有一個位格安放，它就流離失所了。也就是說，沒有一個位格來固定這個知識，它就不能成為知識了。我們之所以對人的思維不可理解或作唯物、唯心的辯證都無法解答這個意識，就是因為這個先驗或說超驗的邏輯機能在作怪。比如說谷歌（Google）搜索網絡，我們打一個作家或著名人物的名字進去，就會出現這個人的有關資料。在這裡我們提出一個設問：是谷歌那個設計者早就認識這個作家或名人嗎？不然他怎麼預先就有這個人的概念了呢？這就是康德所說的超驗認識能力。那個設計谷歌搜索程式的人，他早就把一切在互聯網出現過的概念包涵其中，就是說，這個程式先驗地包涵這樣的概念：只要你這個概念有在互聯網出現過，它就可以搜索出來。這種聯想力，包含著先驗邏輯法則。電腦的很多程式，都是用先驗論的原理來設計的。在我們人來說，能發出先驗或說超驗的東西，就是莊子稱為「心機」的東西。這個所謂人的「心機」的東西，就是認識的程式。一切都是由它與出現交互作用生出來的意識。它有一套超驗的邏輯機能，即康德稱為「想像力」與「綜合統一能力」的東西。實則，那個「心機」，在它還沒有與外界現象發生關係之前，早就包涵宇宙世界的一切了。陸象山先生說：「宇宙內事是已分內事，已分內事是宇宙內事；人心至靈此理至明，人皆有是心，心皆具是理。」[46]可以說，因沒有客體的進入，而那個心機沒有出現意識，我們就不知道那個宇宙心而已。就像電腦一樣，沒有向它輸入東西，當然它就沒有東西顯現。

但我們說，電腦它早就有一套認識的程式在裡面，在這個認識的程式，包涵各種各樣的驗前概念。我們向它輸入什麼，它就給我們一個結果。通常我們很多人，沒有想到這一點，總是用兩分法去看問題，沒有桌子的出現，我就沒有桌子的概念。想

46 《雜著》〈陸九淵集〉卷二十二，第二七三頁。

當然就否定有驗前的純粹知性概念。實則電腦的知識告訴我們，在我們沒有打開電腦運用它之前，它本身一定要有一套程式裝在裡面，只有它預先有一套程式在那裡，而且這套程式規定著它的認識範圍和法則。電腦才能發揮它驗後的作用。而且那套程式包涵著我們認識的範圍與限度。輸入甚麼對它起作用或不起作用，它的程式是有範疇和限度的。我們明瞭這個原理，就明白我們人腦這個靈魂性的東西。在經驗意識的概念沒有出現之前，人腦就包含有這個認識的程式。這就是康德的先驗論。我們以前將康德所說的認識「Form」（形式）來理解，這就給我們一個錯覺，認為形式是沒有內容的，它只不過是一個架構，一個框架而已。因此有人就把康德的先驗論稱為是講認識的規律、認識的法則的學問。這就容易使我們誤讀康德的哲學，康德早就指明他的先驗哲學知識——他在其《純粹理性批判》導言中就指出：「凡一切知識不和對象有關而和人們知道對象的方式有關，而這方式又是限於驗前有其可能的，這種知識我稱為先驗的知識。[47]」康德這個「先驗」的知識，很容易讓人忽視和難以理解。「不識廬山真面目，只緣身在此山中」，人本身的思維，要有對象才能產生知識，而這個認識的程式，就在其本身之中，人們就很難拿其本體作為對象來思考。我們要理解康

[47] 康德，《純粹理性批判》，華中師範出版社出版，韋卓民譯，二〇〇二年七月第二版，第五四頁。

德這個先驗知識，就得反轉，將自己提升到電腦程式設計人的位置上，由此而提出：這個認識的 Form 包含有甚麼東西？這個看不見，摸不著的 Form 與認識範疇的功能結合在一起，就是一個認識的程式（Formel），用當今電腦的程式一對照，它所包含的內容就顯示出來了。那個程式，如果不包含有驗前的純粹概念，驗後是不可能出現這些概念的。而它是如此、不得不如此的知識，是那個程式早就預先所包含的內容所決定的。也就是說，是那個程式所編寫的內容和它的功能所決定了的。形式是沒有內容的，程式是有內容的，康德所說的 Form 以及他的認識範疇，都是有內容的，他要說的「驗前的綜合判斷如何可能？」的心性活動，包涵先驗的知識。我們從康德的《純粹理性批判》的「先驗原理論」，就看出人類認識程式的大部分內容。他的一切先驗知識，如這個 Form 有甚麼東西？有甚麼能力？如何進行連結、綜合、統一等等？整個「驗前的綜合判斷是如何可能的？」的知識，都具備程式所編寫的內容。只是康德沒有將它放在程式來關照，而是以形式和範疇來論說。這就使得康德沒有看到一個程式必須具備一個基礎性的東西：所有自然的純粹概念必須包含其中，然後才按照先驗邏輯有組織性地深入發展。所以康德就認為所有的認識都是現象，物自體是不可知的，而且他還把感性與知性分開而論，感性直觀是得不到知識的，只有知性與概念相結合，才能產生知識。

我們解讀康德的 Form（形式）以及他的 Kategorien（範疇）所包含的內容後，就可看出人類這個認識的程式了。而我們明瞭這個程式所必須包涵的內容後，就能體會出哲學家陸象山所說的「宇宙便是吾心，吾心即是宇宙」悟覺了。原來這個人的認識程式，它有一個宇宙自然界實物的純粹概念做程式的基本編程，這些純粹概念有一套先驗邏輯有機地組成一個統一體，一旦經驗後，哪些被意識出來了，哪些還隱藏在心性裡，它是有分類、所屬和統籌安排的。即它有一套統一綜合的先驗邏輯機能。而經驗後的概念，又可通過想像力的連結、綜合、統一，根據先驗邏輯的組織性原則，以數學式的擴張，有機地組成新的複合性概念。如此不斷地認識下去，沒有盡頭，最後則得出物自體不可知。人們常說人的愚智是天生的，就是他那個「認識的程式」是天生的。就如我們說幾期的電腦。以前的舊電腦沒有新電腦聰明，就是它裡面的先驗邏輯功能不同了。康德說人的「判斷力卻是只能得到練習而不能得到教導的一種特殊才能。判斷力是人們稱為天賦智力的一種特質。缺乏了這種特質，就不是教育所能補救的。[48]」我們明瞭這個人的認識能力，就會對人不斷發現新東西不會感到奇怪，每時每刻都有新世界發現是可能的，說人的認識無窮也是可成立的。這個人的「三生萬

[48] 康德，《純粹理性批判》，華中師範出版社出版，韋卓民譯，二〇〇二年七月第二版，第一八二頁。

物」的認識程式，是可以無窮盡推演下去的。但從認識的程式來看，沒有出現，（沒有對象，即沒有給認識程式輸入東西）認識程式就不起作用。如此看來，它的認識又是有限的，它受到出現的限制。而出現是受時間、空間限制的，那麼我們的認識也是不全的。所謂知性概念是具體的，就是我們認識什麼什麼？都是意有所指的。從這點來說，認識又是有限的。

另一個問題是康德沒有注意到的，是否有一種出現，是純粹的知性能力不包涵在內的，從而其先驗邏輯起不到作用呢？如電腦的中文拼音輸入法，它是以二十六個英文字母作為基數編出的程式。如你打一個(^.^)(^.^)，它不可能出現某個中文字。因為這個程式根本就沒有(^.^)的轉換形式。也可以說，(^.^)在那套程式中，沒有任何中文字的驗前概念，它當然就沒有中文字顯現出來。那麼，我們人的世界，是否有一種出現，與我們的認識形式不相作用或說轉換不到知性的形式？康德的認識範疇，看起來很圓滿，可是有些出現對認識範疇不起作用是存在的。如《易・系辭傳・上》所說的：「易，無思也，無為也，寂然不動，感而逐通天下之故。[49]」這是有感而無知性概念的表現。他沒有思，又不作為，一動不動地木然在那裡，就感而逐通天下之故了。這種感性，

[49] 《周易正宗》，華夏出版社出版，馬恆君譯著，二〇〇五年一月北京第一版，第六一四頁。

認識的程式是不起作用的。又如康德說的審美判斷，它是與概念無關的，也是沒有利害關係的，無目的性但符合目的性的一種感性直觀。這種直觀對象與知性也不起作用，它只與感性發生關係。這種現象，我稱之為現實與心靈的直接通照，即所謂的感性直覺。這一點我在後面論道時，將加詳細論述。

我們從電腦中文拼音輸入法這個程式就可以反思到，假如電腦沒有預先裝有這套程式，我們無論如何輸入字母，電腦是不會出現某個中文字的。這就說明，我們向電腦輸入某東西，它的影像要出現某某知識，不得不如此的知識，就是因為驗前它必須有一套這樣的程式，而且這套程式必然要包含這種知識的純粹概念。沒有這個純粹概念，要說驗後它能顯現出來這樣的知識是不可能的，如有可能，也不是康德說的「不得不如此」的知識。這個必然性，是純粹概念和先驗邏輯功能所決定了的。

回頭來看人腦這個認識功能，何以會「兩儀生四象，四象生八卦」呢？康德在其《純粹理性批判》的「先驗邏輯論」早就有分析。我們人認識這樣那樣的事物，不斷推理、判斷出新的概念，原來人腦中有一個純粹知性的認識範疇。這個認識範疇就是人的先驗邏輯機能。這套認識邏輯機能保證我們不斷產生知識，並使知識有其必然性和普遍性。但其也有一個認識的範疇的，也不是天馬行空般無規律、無法則的。正如上面我們指出電腦「拼音輸入法」所說的例子一樣，其得出的知識看似雜亂無章，實則其是有規律和法則的。這套法則就是康德指出的認識範疇。他的知識擴張，是有一套組織性原則的。我們根據康德「純粹知性概念的先驗演繹」和他的認識範疇，對我們的知識追根問底，我們就會發現，原來這些知識的發生，都是「易有太極」的那個「太極」所起的作用。根源都來自那個「太極」。在電腦來說，就是那個芯片。人這個「太極」，當然不能完全與電腦芯片類同。他的認識程式還受到人的情感、意志、愛好、意向性等等的干擾。但其「兩儀生四象，四象生八卦」知識擴張的類推形式是一樣的。經驗性越多，他的知識就越多。一個聰明人，見多識廣，他能產生多少知識我們是很難想像的。但就人的認識來說，你沒有一，不可能生出二，沒有二，不可能生出四……，這個擴張是有前提的。就是那個知性的先驗邏輯機能所決定了的。因此我們可以說，不僅知性概念，甚至連理性概念，都在驗前包含在「太極」之中。就是說，「太極」早就裝有宇宙世界一切概念的位格，你打開一個認識的門，它就意向性地「三生萬物」地認識下去。所謂的行業無止境，不可能做到盡善盡美，這就是因為康德指出的「物自體不可知」，太極心機只是根據出現而進行認識活動，它所起的作用只是宇宙心的某一部分，某一點滴。就這個浩瀚無際的宇宙心來說，我們所認識的只是一點點而已。根據人類解剖學家說，我們人腦有多少個千千萬萬億神經細胞，我們用到認識的最多只佔人腦總量的百分之十而已。這就說明，每個人生在這個世界上，一直到他死亡，最多只用到百分之十，還有百分之九十的神經細胞是沒有用到的，即大部分是閒置存放在腦袋裡。也可以這樣說，我們人認識的程式所包涵的內容很龐大，我們所用到只是很少的一部分而已。這個宇宙心，如果他沒有啟動認識的程式，沒有展開經驗後的認識，我們是很難理解這個宇宙心裡面有甚麼東西的，是康德用反轉的方式，才探究出這個認識的形式的，但他沒有探究出程式。原來這個宇宙心是一個龐大的系統，它是一個統一體，吾心與宇宙是相通的，它是按照自然宇宙運轉的規律、法則而生成的。這就是宋代哲學家陸象山先生說的「宇宙便是吾心，吾心即是宇宙」的悟覺。即吾心有宇宙世界的純粹概念，吾心有宇宙世界運轉的規律和法則。康德說：「先驗分析論已對我們表明，我們的知識的純然邏輯形式，在其自身中，怎樣可以包含本源的純粹驗前概念，而這種概念是在一切經驗之先表現對象的，或更正確地說，它們指示綜合統一性，而只有這種綜合統一性才能使關於對象的經驗性知識成為可能。判斷形式（轉變為綜合直觀的概念）產生在經驗中指導知性的一切使用的範疇。[50]」我們用電腦的程式做列舉，已充分說明康德這個先驗論的純粹知性概念。早在幾千年前的《易》，就發現這個人類的機心——「太極」，「太極」即宇

[50] 康德，《純粹理性批判》，華中師範出版社出版，韋卓民譯，二〇〇二年七月第二版，第三三四頁。

宙心，它是按照宇宙的規律、法則而生成的，也可以說，宇宙的自然規律、法則是由太極而決定的。我們人類的知性、理性，只不過是這個「太極」形式的展開而顯現的現象內容而已。正所謂的「道生一，一生二，二生三，三生萬物[51]」的老子道無邏輯形式，也就是康德所說的先驗邏輯形式所起的作用。顯而易見，康德這個先驗論，完全具備一個認識程式的理論基礎。

我們對認識程式有一個認識後，我們現在來看我們所得到的經驗性知識是否可靠？為甚麼我們求知到一定的階段時，會發生理性悖論？這對我們破解獨斷論和懷疑論很有用處。下面我先來說說理性的錯誤。

[51] 老子，《道德經》，安徽人民出版社出版，陳國慶、張養年注譯，二〇〇一年十月第一版，第四十二章，第兩百七十頁。

七、理性的錯誤

我們用康德的先驗論，檢視出我們的心性有一套認識程式。這套程式有一個基礎性的構造：即我們的心性，早就包含宇宙自然世界的純粹概念，而且還包涵一套運作的先驗邏輯機能（即人的先驗綜合判斷如何可能的機能）。可以說，它本就是一個完整的系統，你把這個認識的程式打開來，展開認識，反而使它發生錯誤和混亂了。下面我們來談談理性是如何出現錯誤的。

理性，一般來說，它是在人類知性的基礎上，通過邏輯形式，經過推理、判斷進行概念的能力。它被譽為人類最高的智能。在黑格爾的哲學，沒有知性，一般由感性上升到理性。康德的知性則被忽略掉了。中國的唯物辯證法，則把理性認識稱為對事物本質的認識。即對事物進行推理、判斷，推導出對事物本質的認識。按照唯物辯證法的說法，理性認識就是正確了，也是科學的了。可是，唯物辯證法卻有一個實踐檢驗真理唯一標準的理論。他們特別強調實踐。以此來說，那麼理性認識，也不一定是對事物本質的認識，不一定是正確的，可能也有違反科學的，也可能是錯誤的。因為如果我們說理性就是道理，就是正確，就是對事物本質的認識的話，它認識出來的東西就是千真萬確的，根本就不需要放回到實踐去檢驗。需要檢驗，就說明這個理性得出的結論不一定是正確的，有可能是錯誤的。理性也有錯誤，這是可以肯定的。

理性為什麼會發生錯誤呢？德國哲學家叔本華認為：「謬誤作為理性的蒙蔽，與真理相對；假象作為悟性（知性）的蒙蔽，與實在相對。[52]」他並指出，「謬誤總是由理性來的，也就是理性在真正的思維中按因果律所有的形式，最大多數也可以是按因果律造成的。[53]」

叔本華把理性的錯誤肇因於因果律。人們按照因果關係來推理、判斷得出概念，但因事物的發展，並不全是一因一果，有可能是一因多果，或是一果多因。又因時空

52 叔本華，《作為意志和表象的世界》，青海人民出版社出版，石沖白譯，一九九六年九月第一版，第三十頁。

53 叔本華，《作為意志和表象的世界》，青海人民出版社出版，石沖白譯，一九九六年九月第一版，第五六頁。

形式的無限性，加上「物自體」的不可知，因果律是不可窮盡的，因此，這理性的錯誤就造成了。

叔本華將理性的錯誤肇因於因果律，他是如何解決這個理性的錯誤呢？他認為認識事物不是用因果律，而是用「根據律」。他在他的博士論文《論充足根據律的四重根》中，有對「根據律」作詳細的論述。他在他的論文第一章「引論」第三節「本探索的用處」就明確指出：「這樣做既是為了避免錯誤，也可防止有意的蒙蔽。[54]」叔本華這個「充足根據律」對認識的清晰性和明確性很有幫助，不失為一科學的方法。但是，要說此一方法可以杜絕理性的錯誤，那是太過於天真。叔本華這個「根據律」雖然列出「充足根據律的四重根」，但以康德「物自體的不可知」論以及「沒有出現，就沒有知識」這兩條而言，它是不可能杜絕理性的錯誤的。一是物體的不可窮盡性，何來充足的根據？二是有些事物的變化，它的條件根本就沒有出現，或是出現我們根本就不知道，你又如何「根據」？這就是事物變化的多樣性、複雜性和不可理性性。為什麼會出現這些問題呢？我們還是回到康德的「先驗論」去考察，我們就會明白，原來我們認識事物，走不出康德所說的「認識範疇」。康德的「範疇表」列出

[54] 叔本華，《作為意志和表象的世界》，青海人民出版社出版，石沖白譯，一九九六年九月第一版，第五六頁。

的邏輯法則，就是《周易》所「易演」的不斷擴大的宇宙概念法則。有了「一」就生「二」，有了「二」就生「四」……如此一直生出千千萬萬的事物。事物的發展，它的因果鏈是不能中斷的，一個接一個，根本無法追到本源上去，也就是說，我們無法追到事物的本質。康德就把我們認識的對象稱為現象。我們還是以上面所說的電腦中文拼音輸入法來說明這個問題，就知道理性如何發生錯誤了：

如上面我們說過，我們用拼音輸入法打字，我們輸入「WM」兩個字母，它就出現「我們、文明、外面、完美、網民……」等詞，這些詞的出現，它不是毫無根據的，它是根據「W」的詞和「M」的詞進行聯想而組成新的詞組。就是說，這些新的詞組是有邏輯根據的。用我們人的思維來說，它是有理性的。但是，我們知道，我打出這麼多的詞組，我只要使用一個詞組，其他的除去。我打「WM」，是想要「文明」這個詞，但它既出現「我們、網民」或其他的詞組。在現實中我們應用概念時，用「文明」是正確的，但我卻用了「完美」這一概念，這就出現錯誤了。原來人的腦袋，有一套先驗的邏輯功能，這套先驗邏輯對現象進行推理、判斷，然後得出概念。但人有點與電腦不同，他不像電腦那樣一下出現所有邏輯推理、判斷出來的詞組，人有意識的意向性，這個意向性根據邏輯的功能推理、判斷出一個概念來，其他概念就被虛無了。我們看這個概念貌似正確，是不會有問題的。因為他是按照理性的邏輯形式，一步步推理、判斷出來的。但是，正如電腦打字所顯示的，用「文明」這一概念可能是正確的，可是我偏偏推理、判斷出「完美」這一概念，我把它意識出來。於是，錯誤就出現了。但是，你不能說我用「完美」這一概念毫無邏輯性，沒有理性。它是有其驗前的邏輯形式在起作用的。這個「完美」，也是根據邏輯形式推理、判斷出來的，也就是說，我是有根有據地推理、判斷出來的，只是它套錯在另一事物的概念上了。因為事物發展到「三生萬物」的階段，已是紛紜複雜多因多果現象，我們要分辨出真正的因果條件是非常困難的，正如樂透獎的號碼，幾十個數字要選出中獎的幾個號數，如大海撈針。可以說，理性的錯誤是因為它堅信邏輯的形式不會錯，從而認為自己的推理、判斷不會錯而造成的。我之所以對黑格爾的辯證法不以為然，就是覺得黑格爾太過於信賴邏輯功能，他認為思維俱有客觀性，現實與思維是同一的，這樣他就可以辯證對立統一了。殊不知，依認識的程式來看，開始原初的自然世界事物確是真實可靠的，但發展深入到一定的程度時，懷疑論就出來了。

此外，還有一個造成錯誤的原因是詞組是靠經驗進行聯想組合的，如我打字經常用到「W」字母的字，而沒有用過「M」字母的打字，如果我想將「WM」組成新的詞組，它可能就沒有新的詞組出現，或是出現很少。因為「M」的詞我沒有用過（在人來說是我沒有經驗過），所以它就無法聯想組合出新詞組。這種情況，在我們人來說，叫做少見多怪。沒有經驗過，就沒有新的概念。只有出現越多，它聯想組成的詞組才越多。以此來看，理性的錯誤，部分是因為信息的太少所造成的。它本身就得到那麼多的現象，它只能根據那些現象作推理、判斷。原來我們的大腦，它早就有一套像電腦那樣類似的程式功能，一旦它與現象接觸，它就產生意識，得出概念。而人的意識，並沒有就這樣停止了，它還會繼續思考，產生聯想，按照他自己特有的邏輯形式，將原先的意識，再組合成新的意識，形成許多新的概念。正如我們上面所舉的拼音輸入法中文系統，「W」有一系列的中文單詞，「M」也有一系列的中文單詞，而將「W」和「M」放在一起，「WM」又產生許多新的詞組。如此下去，就產生《周易》演「八卦」的效應，新的概念不斷出現。這就是人們常說的「思維的無限性」。實際上，我們追根問源下去，就會發現，所謂的「思維無限性」實際上它是有限的。一是沒有出現，思維就沒有作用，它肯定沒有什麼概念的反應。就像一台電腦，你沒有向它輸入任何東西，它當然就沒有什麼結果反應出來。二是輸入的東西多少，也對邏輯功能發生影響。即出現的多少，對先驗邏輯的作用也受到影響，這就是康德說的量決定質的關係。三是人的意識的意向性，意識的出現也是意向性的。它不可能把所有的概念都顯示出來。它只是意向性的思索，按照腦袋的某一邏輯形式，把某一概念意識出來。而人的認識源泉——感性，它是以空間、時間為形式的。作為個人的自我，它所佔有的空間、時間是有限的。因此，出現也是有限的。在這有限的出現、認識看似無止境，它根據經驗不斷擴充其知識，實則我們的認識是有限的。根據電腦所顯示的功能，我們可以看出一個最基本的東西：就是它是根據出現而形成知識的。沒有出現（不輸入任何東西），電腦不可能有反應。同樣道理，沒有客觀現象反映到我們的腦中（沒有感性直觀），我們的頭腦不可能有形成知識的可能。這就說明，感性是知識的源頭。沒有出現的給予，一切知識就免談了。而出現的侷限性，就給理性的推理、判斷出現錯誤。

此文寫到此，剛好朝鮮獨裁者金正日亡，朝鮮舉國上下人人如喪考妣，哭得死去活來。有人說這是假的，我認為是真的。因為朝鮮人民在金正日封閉的統治下，每天出現的都是偉大領袖的形象，朝鮮人民得到的都是這些東西，他們只有拿這些東西作判斷，其所得出的結論當然是金正日如他們的爹娘了。毛澤東死時，中國就是這個情景。所以說，前意識出現的多少對人的理性推理、判斷很重要，這就是掌握資料多少而導致結論不同的問題。這一原理就給我們提出一個設問：這個世界，或說這個宇宙，有些東西它永遠都沒有出現，或說它有可能出現，但永遠也沒有機會納入到我們的感官、意識中，那麼我們就永遠沒有形成這種東西的知識。這是人類認識的缺陷，他必須經過第一步感性，然後才有知性，再由知性發展出理性來。沒有感性直觀，知識的第一步就沒有源泉。一個東西，它不出現，我們就無從知曉這個東西的知識。我們知道，我們認識事物，是根據因果律來確定的。假如說，有些事物的因沒有出現，或是出現我們不知道，就誤以為某一事物的因，是唯一造成某一事物的果。實際上它可能有多種因素，或多種的果。如冬天我們在房子生火取暖，我們感到溫暖，通常我們認為是火使房子變暖的原因，實際上它還有其他原因導致這個結果，沒有空氣對流的散熱，整個房子的溫度不可能升高。而這個火能生起來，它要有足夠的氧氣或達到一定的溫度；再追而問之，這個生火的原料必須是含有碳元素能著火的木材或汽油等。……原因多多，結果多多，我們在作出此等結論時，就會有不同的判斷：有說是火導致我們感到溫暖的原因；有說是空氣溫度升高使我們感到溫暖的原因；有的甚至說是木材與空氣的氧發生化學作用而導出一系列原因。這是我們根據經驗後而推導的一系列原因和結果，而有沒有別的原因和結果呢？或許有些東西它根本就沒有出現或說我們不知道，因為因果律的鏈條是無止境的。因此我們可以說，人類種種的理性錯誤，是因為理性根據出現的經驗性意識而運用邏輯形式進行推理、判斷所造成的。也可以說是出現的侷限性和邏輯形式的選擇性所造成的。

理性主義者通常崇拜邏輯功能，以為經過縝密的邏輯形式進行推理、判斷，就會得出正確的結果。實則有些導致結果的現象根本就沒有出現，或是其出現我們沒有將它納入我們的邏輯思考之內，其結果就造成所謂的偶然性、不可預測性，即不可理性性。當今所謂發生的「金融風暴」、某一人的死亡或作為，突然改變整個世界的秩序等等。這種事情的發生，超出理性的推理、判斷，就被人謂之為「非理性」。實際上可能是它沒有出現所造成。它不出現在理性的範圍之內，理性就起不到作用。還有一個讓理性防不勝防的是：人的意識，它有一個意向性。它是一個意識一個意識地出現的，不像電腦那樣可以一下出現所有的結果。如上面提到的拼音輸入法打字，我們輸入「WM」，它的所有詞組都出來了。而人的思維方式不是這樣，它用「WM」進行思維，它經過邏輯形式進行推理、判斷後，得出「我們」這個詞組，那其他的「文明、完美、網民、誣衊……」等等詞組就不出現了。如若要出現，又得作另一思維（重新思考）。而人不僅有聯想力，還有電腦沒有的想像力以及情感、愛好、意志等左右意識的意向性，這個想像力和情感、愛好、以及意志的堅持意向性也會影響理性的推理、判斷。如所謂的陰謀詭計，他就是利用對方的情感、愛好、興趣等施於反間計，造成對方推理、判斷錯誤。因此我們看到，人類所有稱為「理性」的東西都有它的道理，看似都不會錯，實則可能錯置了，它就出現理性的「強詞奪理」。如我們把趙高「指鹿為馬」來證明鹿就是馬：馬，有四條腿，兩隻耳朵，一條尾巴，鹿，也有四條腿，兩隻耳朵，一條尾巴；馬，吃草葉，鹿也吃草葉；馬可以跑，鹿也可以跑……，甚至我還可以用馬與鹿的生理結構做同類比較，如此得出馬與鹿沒有什麼兩樣的理由。因此我證明鹿就是馬。這個證明，我也在應用邏輯，也說出一大堆理由和條件，可是為什麼連小孩都會說你這是錯誤呢？因為我把馬與鹿最大區別的特徵故意隱去了，專找一些同質的東西來證明。這是一個最簡單的例證，如果我們深入到理性中去，就會發現理性類似的錯誤。在大千世界中，所謂的變化，是多種多樣的，也就是說，每一事物的變化，可能有多種原因和多樣的結果。到底什麼是真正的原因和結果呢？物質的不可窮盡性以及物自體不是現象這個原理來說，理性不可能全面地考究問題。理性概念也只不過是根據邏輯通過知性進行判斷、推理出來的東西。唯物辯證法有一個理論，叫做「聯繫地看問題」，他們知道一因多果，一果多因。因此他們要聯繫看問題。但是，無論你如何聯繫，它總是有遺漏的。把這個「聯繫」引入理性辨證，反而橫生許多詭辯論。明明一個常識，道理很簡單，你一「聯繫」，問題就出來了。譬如某人放了個臭屁，我們說這是一個臭屁。你把它聯繫到其他方面去，說，對於某些有特殊味覺的人來說，他未必就覺得臭；又說，這雖然是個臭屁，但他排解廢氣對他身體來說是有好處的。等等，你聯繫起來看問題，很多東西就變得似是而非了。

所以我們說，理性的錯誤，全因理性的邏輯形式，根據知性概念的出現，而進行推理、判斷的結果。康德在他的《純粹理性批判》批判辯證法時，已點明這種幻相邏輯的錯誤。他在〈先驗邏輯論〉一章就對辯證法作出嚴厲的批判。他說：「古人在使用『辯證術』這個名詞作為一種科學或技術的名稱時，不論其意義怎樣各有不同，我們從他們實際使用這名詞的用意來看，可以斷言，就他們來說辯證術始終不過是幻相的邏輯而已。這是一種詭辯的技術，使無知和詭辯手法有其真理的外形，其方式就是模仿邏輯所規定的、按一定方法所得到的徹底性，以及用邏輯的『辯論常識』來掩蓋其主張的空洞性。

「現在我們可以注意以下一點作為可靠而有益的警告：如果把普通邏輯看作一種工具，它就總是一種幻相的邏輯，即辯證術的邏輯，因為邏輯所教人的並沒有任何關於知識的內容，而是只規定知識和知性相一致的形式條件。而這些條件卻不能告訴我們任何關於所談的對象的東西。那麼，想要用這種邏輯作為一種推廣和擴大我們的知識的工具就勢必以空談為其結局——在這種空談中，我們可以用某種貌似有理的話來堅持任何可能的主張，或者如果我們願意的話，又來抨擊任何可能的主張。[55]」

55 叔本華，《作為意志和表象的世界》，青海人民出版社出版，石沖白譯，一九九六年九月第一版，第二八二頁。

原來，邏輯只是一種形式，它「並沒有任何關於知識的內容」。應用不同的邏輯形式，對於知性概念進一步的推理、判斷，就會得出不同結果。如中國某些人士宣稱的「人權就等於吃飯權」來說，他的邏輯是這樣的：人的最大權利就是生存權，沒有生存，一切都免談，人生存都沒有了，人還能做什麼呢？因此，只有在保證人的生存權情況下，才能談其他的權利。中國政府致力於解決中國人民的溫飽問題，就是在維護中國人民的人權。最後的結論就是：人權就等於吃飯權。

人權在中國政府某些官員的邏輯演繹、推理、判斷下，最後則變成了吃飯權。為什麼會這樣呢？這就是康德說的「幻相邏輯」，他用不同的邏輯形式，套上不同的內容，就會出現貌似正確的理性結論。原來，人有一個認識範疇，這個認識範疇就是康德根據亞里士多德的形式邏輯整理出來的十二大原理。我們的辯證，就是用不同的邏輯形式，套上一些內容，從而得出一些結論。如上面說的人權等於吃飯權，看似正確，但我們稍加分析，就會看出他以偏概全。我們說人不吃飯會餓死，但人沒有空氣呼吸也會死，沒有水喝也會死，而人沒有自由，不讓他思想，他也會發瘋而死。為什麼單單說吃飯權才是人的最基本權利，而其他的基本權利則被抹去了呢？這就是康德所說的，利用邏輯形式，套入不同的內容，進行的「幻相」辯證，它會得出貌似正確的結論。我們不能說吃飯權不重要，沒有飯吃，肯定會餓死。但吃飯是人生存的基本條件之一，不是全部。你不能把一項的突出，掩蓋其他必須的條件。我們明瞭這個幻相的辯證邏輯，就知道辯證法是怎麼一回事了。它是利用不同的邏輯形式，套入不同的內容進行辯證的。而且它的辯證邏輯更詭辯，它說「有」的對立面就是「無」，它可以從無辯出有，從有辯出無。它可以不講究形式邏輯的因果律。從而你可以看到，辯證邏輯就是康德說的「幻相邏輯」，它只是利用邏輯的形式套入不同的內容進行辯證。黑格爾說：「凡是現實的就是合乎理性的，凡是理性的就是合乎現實的。[56]」

現實出現的東西，我們的思維知道它是真的，那當然這種東西是合乎理性的了；而我們的理性是根據邏輯的形式來思考的，邏輯的形式不會有錯的，那肯定不會與現實相違背的，所有理性肯定合乎現實的。這種互相折騰的辯證，就達到它的對立統一了。有人指出，惡也是現實存在的，它是否是合乎理性的呢？黑格爾則否定惡不是現實的。以前我讀黑格爾的《小邏輯》，覺得很奇怪，一般來說，思維是主觀的，怎麼到了黑格爾那裡，思維則變成客觀的了，並且他還說思維無限性。直到後來我讀了康德的《純粹理性批判》，他指出辯證法是「幻象邏輯」，才明白是怎麼一回事。原來邏輯這個東西，是人們根據經驗後的知識所總結出來的科學規律、法則。只是代表一

[56] 黑格爾，《小邏輯》，商務印書館出版，賀麟譯，一九八〇年七月第二版，第四三頁。

種形式，並非內容。如經濟學中的基尼係數等。經濟學家說，基尼係數超過多少就會引起社會動亂，這種論斷是如何得來的呢？當然是經濟學家根據社會經濟活動的經驗知識總結出來的一條法則。這條法則，看似百分之百正確，是沒有甚麼錯誤的。但一放入內容進行辯證，它就會有錯了。如上面提的基尼係數，一個社會控制得太嚴、太殘暴，即使基尼係數超過經濟學家說的臨界點，也不會發生社會動亂。也就是說，在專制高壓的皇權社會，基尼係數這一法則可能就不起作用。「因為邏輯所教人的並沒有任何關於知識的內容，而是只規定知識和知性相一致的形式條件。而這些條件卻不能告訴我們任何關於所談的對象的東西。」

中國大陸哲學界，為了維護黑格爾辯證法的尊嚴，有人將康德和黑格爾做一個分野：說黑格爾用的是辯證邏輯，康德用的是形式邏輯。其意是想說康德的哲學沒有黑格爾哲學的先進，所以康德哲學是落後了。這裡我不想再對辯證法指三道四，我想指出的是，康德是有應用形式邏輯，但其整套哲學，運用的是先驗邏輯。不懂得康德的先驗邏輯論，就無法理解康德的哲學。如果我們瞭解康德的先驗邏輯，也就明白辯證法是怎麼一回事了。我稱辯證法為「自欺欺人」。它的無中生有，有中生無，不需要形式邏輯的條件，只講矛盾的對立面，即所謂的抽象的抽象，否定之否定，就這樣來回辯證。最後以一個意來包含另一個意達到它的對立統一。這就是康德所說的「幻相邏輯」。我稱此辯證法為「意中之意」。用一個邏輯的道理，放入一個內容，再辯證出他想要的一個意，如有的對立面是無，我們之所以有這個世界，它肯定有一個無的世界，那麼，這個世界就在無中生出來了。道理說得頭頭是道，但世界是否是從無中生出來，誰也不知道，也無法証實，這只是邏輯形式在起作用。

我們從康德的先驗邏輯論來看人的認識，就知道理性的錯誤是從何而來的了。一是物自體不可知，它的出現只是現象，先驗邏輯只是根據出現而起作用。出現的多少，以及出現什麼，決定著這個認識。對象有些東西它根本就沒有出現，從而我們就無法全面認識這個對象。其次是對象有些東西是出現了，但我們沒有注意到，或是它出現的量沒有足夠影響我們的心靈，這個先驗邏輯也不起作用。因此，我們的認識，只是事物的一部分，只是先驗邏輯根據出現作用所形成的結果。我這裡說的出現，不單是指客觀事物現象的出現，還包含主觀意識的出現。即知性為理性提供多少經驗意識。這個出現的多少，或是出現什麼，往往是造成我們認識的不全和錯誤。其三還有一個造成認識錯誤的原因是，有些東西的出現，不符合先驗邏輯的規則，其邏輯機能起到另外的作用，得出的結果則是出乎意外。如出現的所謂幽靈、鬼怪等等。這種現象是不符合邏輯分析、綜合的，先驗邏輯就把它放入偶然性的範疇作概念。這種反常現象，宗教信仰者最愛用它來作神靈的見證。呀，我們的神多靈啊！你看，他從幾百米的懸崖掉下來不死，就是因為他身上掛著佛像，佛主保佑他了；他得了癌症，每天向上帝祈禱就病好了……。如此的結果，就是出現不符合先驗邏輯規則，他則以一種不可理性、神秘性以對。

我們說明理性是如何犯錯誤的，是為了說明，思維擴展到理性的階段，它已超越原先認識程式基礎性的純粹知性概念的範圍，即以三段論的邏輯形式進行擴張知識，也就是所謂的「三生萬物」形式。而由於先驗邏輯形式以及出現的侷限性，加上物自體的不可知，它就無可避免地出現錯誤。

八、意識意向性的分析

我們以宋代哲學家陸象山說的「宇宙便是吾心，吾心即是宇宙」證明出心性早就包含宇宙世界的一切。就是說，你的心性本就是一個整體，包含整個宇宙的系統，是一個全而圓滿的心性。它與宇宙世界的一切是相通的。而我們將這個心性的認識程式打開來接收外界的現象，就使它發生變化了，就變得殘缺不全了。為什麼這樣說呢？

我們再拿中文系統拼音輸入法來做例舉。

系統中文拼音輸入法，它是以二十六個英文字母做基礎的。這二十六個字母，包涵著整部中文字典的中文字的驗前概念，只要想要那個字，你打拼音開頭那個字母，那個字就可出現了。就是說，這二十六個字母，包涵所有中文字的概念。而且它形成一個有機系統。這個字與那個字可以組成一個詞，那個與這個不可以組成一個詞，它有一套有機運作系統。就是說，它是有一個範疇的。但是，你的使用是有意向性的、選擇性的，不是每一個中文字你都用到。有些常用字你可能用多一些，有些偏僻的字你從來都沒有用過。有時你用兩個、或幾個字母連在一起，也可打出許多詞組來。這就是說，這套拼音輸入法，它本來就是一個系統，也可說是一套完整的程式。裡面有多少中文字的驗前概念？可以產生多少聯想詞組、句子？它都一一設計好了。這套程式，不管你用不用它，它是完整裝置在電腦裡的。你打開這個系統，開始用它打字。這就是經驗後的運用。運用多了，出現很多單詞和詞組，它就意向性地往那方向應用下去，這就是電腦聯想功能的作用。但是，我們必須注意下列情況的發生：其他字母你都用過打字了，但你從來就沒有打過Y字母的字。那麼，Y的中文字就理所當然沒有出現過。那些「要、也、有、因……」等字根本不會出現在電腦螢幕上。這樣看來，那套程式本來就包含有Y字母的中文字純粹概念，是你沒有打過Y字母，所以它沒有出現Y字母的中文字。這就是說，那套程式它是很完美的，樣樣俱全的。它包含所有中文辭彙的純粹概念。是因為你沒有給它經驗（沒有打過Y字母），而它就沒有顯現Y字母的中文字。如果按你系統顯示過的中文字來看（意識出來的東西），你就否定說，這套拼音輸入法沒有「因、有、樣……」等中文字的純粹概念。這看似正確，確實螢幕沒有顯現過。但是，在那套拼音輸入法的程式裡，它確實有這些中文字的驗前概念存在，只是我沒有打過Y字母，它不出現而已。

因此我們說，這套拼音輸入法，它本身有一套周全而圓滿的系統，你應用它，就如打開一個缺口，反而使它不全了、有遺缺了。你經驗（打字運用）只是一部分，不可能面面俱到，總會有遺漏的。你不可能把程式所有的驗前概念都經驗出來。而且它組成新的複合詞又是根據經驗過的單詞而組合向前發展的。這個說法，就證明我們的頭腦，意識出來的東西是不全的。你所意識出來的東西（即經驗過的東西），只是那套程式意向性的顯現。它只是一部分，一個意向，一個方面的知識而已。它還有很多純粹的概念包含在那個程式裡，是你某一意識的顯現，把其他的淹沒了。也可以說，由於你沒有機會讓它出現，它就永遠埋沒在那套程式裡無法知道了。而認識的程式還有一個法則，你經常運用經驗性的概念出現次數越多，程式的職責就往這方面運作，對這些出現的聯想組織能力就越強。它就專為這幾個出現而起作用，而其他的就沒有被意識出來了。如拼音輸入法，它用WM字母的中文字多，它就顯示「我們、文明、完美、外面……」等中文詞組，在這兩個字母的中文字組詞就越來越多。那個邏輯功能一直往這個方面作用，就這兩個字母的中文字也可組成很多詞組，而其他的沒有機會運用，那些純粹概念也就沒有機會出現了。說來這套拼音輸入法，它本身就包含所有中文字的純粹概念，二十六個字母基本包含整部中文辭典，那個程式本身就有那些中文字的純粹概念。但由於我們運用的侷限性，它所顯現出的中文詞只是一部分而已。就是說，大部分的中文詞都埋沒在那套程式裡，而沒有得到應用。也就是說，由於運用的意指性，其他中文字的純粹概念就被虛無了。也就是我們的電腦螢幕沒有顯示過這些中文字和詞組。

我們說明這個電腦系統的拼音輸入法的應用情況，再來看我們人。本來我們人天生就有一個宇宙心，宇宙的自然法則、規律它都包含在內。它裝有宇宙自然世界物體的純粹概念，而且還有一套使認識發展、變化的先驗邏輯機能。前面我們已作過證明，「宇宙便是吾心」。但我們開啟我們的人生，就打開了那套認識的程式。由於人是個體的人，他所佔的空間、時間都是有限的。這樣，他的認識就是某一空間、某一時間的認識，可以說是不全的。認識的程式只對出現起作用，而出現也是某一空間、某一時間的出現。而作用出來的知性概念就只能是具體的，意有所指的。他經驗得來的知識，是不可能包羅所有程式裡的純粹概念的。就是說，他不可能把心性中那些所有的純粹概念經驗出來。而在人生中，意識又會受到情感、愛好、志向等的影響，人生的意識就意向性地發展。如一個人非常愛他的妻子，突然間他的妻子病故或出走，他的精神就崩潰了。他所認識的這個世界，都是灰色的，毫無意義的。又如你今天的情緒很不好，一件很容易處理的事情，你卻下了相反的判斷，把事情搞砸了。這是情感改變人的認識程式，使人做出不同的推理、判斷，從而改變自己的思想和行為方式。而愛好也將認識程式引向一邊，他愛好音樂，他認識的程式就會偏向於聲樂的認識。他偏向於音樂，可能他的物理、化學知識就貧乏了，有的甚至對某一方面的知識一無所知。我們常聽到這樣的議論：某某人是一個音樂天才，但在做人上是一塌糊塗。這就說明，這個某人的音樂知識是非常豐富的，而他的做人知識是非常貧乏的。至於說到志向對認識程式的導向，更加明顯。一個人從小就志向於某職業，那他大部分的注意力就往那方面發展了。還有所佔的空間不同，他的認識也不同，所謂的城市人見多識廣，鄉村人少見多怪等。就是城市出現的現象多，鄉村相對小，人的經驗知識當然就有差別了。而所佔的時間階段不同，認識也不同，如當今的電腦時代，小孩就比我們老一代沒有電腦的孩時知識強多了。

人的認識程式還有一個特點，就是有一個慣性思維，它根據經驗性的意識，先驗邏輯總是意向性地往這方面作用。如一個人上當受騙多了，他對他人所說的話總是持懷疑的態度：他說的話是真的嗎？他所說的是對我好嗎？是不是另有所圖，有什麼目的？人有很多行為方式，都是與經驗性意識有關的。所以世界上的人各各不同，是因其思想、知識、信仰的不同。而這個思想、知識、信仰的不同，往往是因為認識程式接受出現互相作用的結果。所謂的偏見、專業人士都是這個作用的結果。也可說是其所處的環境與其認識的程式所起的作用所造成的。所以說，因為出現的侷限性，我們人的一生，要把整個宇宙心展現出來是不可能的。我們無論如何積極人生，不斷地去認識事物，不斷地去探索，終究還是有遺漏的。意識，總是意向性的，它不可能全面地認識世界。你一生中沒有見過雪聽過雪，你就沒有意識出來雪的概念，你否定有雪的存在只是意識的否定，並不是心性沒有這個純粹概念，反映不出來，只是你沒有經驗過而已。原來我們人類那個心性，它本是很全的，它有一套完整的宇宙世界的純粹概念，那個創造者（或說神）已把這一切設計好了，人的頭腦裝有一套完整的宇宙形式，它已包含各種各樣事物的概念。它有一套完整的系統，一個有機的統一體，有一套完整的宇宙程式。你把這套認識的程式打開來，它就是意識的人生了，而意識總是要有所指的。你指向這個，那個就被虛無了。知性概念是具體的，它不可能成全整套認識的程式。

我們從人這個宇宙心來看人的作為，你就見怪不怪了：專業人士總是笑非專業人士無知；見多識廣者罵孤陋寡聞者落後；聰明人顯示其多才多藝；此彼互相攀比，實則只不過是大小籮筐裝多裝少的問題。即使最聰明的人，只要他意識，他就不能與他整個宇宙心相通。整套形式是一個龐大的系統，是一個有機的整體，它是空的，是順通無阻的，你無端端放一些東西（意識的東西）在裡面，就阻礙它的暢通了。人得了精神病，或內心淤塞納悶，就是意識的東西堵塞了心性的形式。電腦來說是中了木馬病毒，人來說是認識的程式被經驗性的知識所堵塞了。

我們從人生來看，意識的意向性決定一個人的命運就非常明顯。如一個音樂家在他晚年時回憶說，當初他學音樂，是他父親迫使的。他小的時候很愛好數學，假如沒有他父親的壓迫，他往數學方面發展，他現在可能不是音樂家，而是名數學家了。這就說明，一個人要成為怎樣的人，與他人生意識意向有關。他為甚麼不是數學家，而是音樂家？我們不能否定說此人沒有數學天才，而是因為他往音樂方面發展而虛無了數學方面的才能。一個人生下來，他的天資就在腦袋裡。就是說，他的宇宙心就在那裡，人生如何？就看他經驗性意識如何發展了。知性概念的擴張，是有意向性的。

我們通過電腦程式的實例，可以清楚地看出人這個認識的程式。每個人都有一套完整的系統，就是說，他的心機有一套完整的宇宙世界裝置，我們人打開這個認識的程式，就是打開這個宇宙心的一扇門，即開始走我們人生的道路，他就變成人人不同了。我與非我就出現了，我就成為一個世界。因為意識的意向性，使我成為這樣的我，而不是那樣的我。人之所以各有所識，是因為認識的程式與出現不同相互作用的結果。可以說，我們所認識的宇宙世界，是透過如針孔一般的光看到宇宙世界的。我們不可能全面、徹底地看清宇宙世界的真面目。而你是一個個體的人，受到時間、空間形式的限制，所出現的現象及意識也就有限度的，而我們人的心性邏輯機能只有對象才能起作用。就是說，思想沒有內容就是空的。而對象的出現只是時空的某一點、某一部分、某一階段。這就說明意識的意向性是不能成全我們人類自己的心性的。只要啟動認識的程式，人那個心性就不全了，它要裝上意識的東西，那意識要佔據某一部位、某一位置。就是說，經驗性的概念，要有一個位置來儲存的。這樣，原來那個完好圓美的心性形式就殘缺不全了。你出生來到這個世界，本是一塵不染，那個心性本是純粹無雜質的，我們認識世界，就是把外來的客體對象裝進自己的腦袋中去。有的位格裝實了（意識出來的概念），有的位格空著（沒有意識），有的邏輯機能被佔用了（經驗性的慣性思維），有的則被閒置著（得不到開發的邏輯機能）。可以說，只要人啟動認識的程式，有了意識，他的心性就不是圓滿無缺的，而是有遺憾的。人無論如何追求，如何奮鬥，如何絞盡腦汁去認識，他也不能全部用完他心性的純粹概念。這就說明，每一個人，他的大腦有一套完整的認識程式，這套程式包羅萬象，是一個完整的宇宙形式。我們去認識事物，將認識的程式打開，不斷去認識，直到我們死亡，也沒有用完程式所包含的東西，我前面已說過，那些認識的神經細胞，最多只是用到百分之十而已。你想想，百分之十，即還有百分之九十沒有得到開發運用。實際上，人類永遠也不能把他的宇宙心認識完畢。他與宇宙一樣，是無極的。如此看來，黑格爾所謂的對立統一，孟子所謂的「先立其大者，則小者不能奪也[57]」的綜合統一法，也只不過是理性的要求而迫使得出的一個理念而已。下面我們根據康德的純粹理性批判，來看這個理性理念是如何產生的。

[57] 孟子，《孟子》，臺灣智揚出版社出版，民國八十三年版，第三一四頁。

九、人類是如何對思維歸根統一的？

我們明瞭人這個思維的擴張，全因人腦那個認識的程式（康德稱之為「純粹的知性形式」）與出現的接觸，從而產生意識（經驗性）的結果。我們古人說的「三生萬物」的原因找到了，人類就是這樣不斷地認識事物和世界的。但是人如此不斷地「三生」下去，一個個具體的知性概念多起來，充滿頭腦，豈不把腦袋擠爆了嗎？而且知性概念是具體的、各有所指的。人類這樣認識下去，不是變得雜亂無章、亂了套了？康德就給出第二個答案了，這就是純粹理性。人類認識這樣那樣的各個具體事物後，他的思維並不是就此停止了，純粹理性會要求給出一個條理，直至給出一個無條件者來統領具體的知性概念。如人將事物分為種、類、屬等系列之綜合，如我們將物質分為有機物和無機物，將生物分為動物、植物以及微生物等，一直到有一個創造世界的神或物質因，它要把發生知性的原因歸結為一個最高的無條件者統領。如我們人生，有兒女，必定有父母親，父母親必定有祖父祖母，祖父祖母必定有……這個因果律是不能中斷的，至到我們追問到人類最早的祖先——亞當與夏娃，還是沒有結果。那麼我們再追問，亞當與夏娃是哪裡來的呢？有神論者說是上帝所創造的，無神論者說這一切都是物質因造成的，人類世界是由物質演變而來的。無論人類怎樣各有不同的知性經驗知識，其一定有個理性概念的統攝性。沒有一個統攝性，其知性就會像一個無頭蒼蠅，到處亂碰，而沒有一個安住所。所以人類的理性就出來做個統籌安排，創造一個無條件者，把認識出來的所有具體知性概念交由它管轄。說我們這個世界，都是由這個無條件者而來的，一切都是這個無條件者所創造的。這個無條件者就是神或物質因子。

這個不能問其原因，不能質問其能力的萬能創造者就是我們的理性理念。而理性的理念、理想，是一個假設的命題，是由邏輯的三段論推理、判斷出來的。就是說，理性不是直接被認知出來的。康德舉出理性的四大悖論來證明這個問題。這就是形而上學的辯證悖論。形而上學的二律背反，致使它成為「海枯拔」，就是因為它到了理性這個階段，靠的是智的間接證明，而不是智的直覺。就是說，理性是從知性概念再進行推理、判斷得出的概念，也可以說是意識決定意識的東西，它與現實是間接的關係。智，沒有了直覺，靠的是邏輯三段論來說明，就有被人詰難的地方了。無神論者詰難有神論者說，你說有上帝，上帝在何方，祂長得如何，你叫祂顯現在我的面前給我看看？其實有神論者也可質問無神論者：你說物質是運動變化的，那麼它的運動變化是有因果律的，怎麼到最後則是客觀存在，沒有了因果律呢？這個物質是哪裡來的？怎麼變出我們人類萬物來？唯物與唯心對最後因子問題的解決，也是靠間接的推理、判斷而來，也沒有智的直覺，就是沒有理性直覺。所以我們看到，原來長久以來所謂的唯心與唯物哲學的爭論懸而未決，不分勝負，就是得不出人有理性的直覺。假如我們能直接看到上帝，直接看到物質變出人來，那我們還有甚麼爭論呢？一看就知道了。問題就出在人沒有直覺之理性。他的理念、理想都是靠智間接推理、判斷出來的。因為人感受的空間、時間是無限的，而我們認識的客觀對象也是無限的（物自體不可知）。理智的總結只能靠邏輯的推理、判斷來解決。所以理念、理想是意識決定意識的產品，即所謂抽象的產品。它是在知性的基礎上得出的。這個理性的總概念，看起來它可以統領知性的所有概念，使人有一個行動的指引。如我人信仰上帝，將上帝的理念作為人生的指導，這樣人類的靈魂就有一個歸宿，他回到知性、感性去履行他的人生時，他就會把人生的善惡，兩分法地區分：善的歸上帝，惡的歸凱撒。而在他回歸知性、感性的人生中，他會處處感知到上帝的存在，上帝如何眷顧他，只要他向上帝祈求，他就感知到聖靈的存在。而信仰物質決定論的人，則會看到一切都是物質所造成的：人就是物質，死了就化為泥土了，他們則沒有甚麼神靈的感知。我們看那些宗教原教旨者信誓旦旦地堅持他們的神就是世界唯一的真神，其他的都是假的，就是那個神的理念已深植他的頭腦中了。這一切，就是康德所說的「反思判斷力」的結果。

一個人有了一個目的觀念，他的反思判斷就不知不覺地調節為這個目的服務了。你要對信上帝的人說沒有上帝，他肯定會認為你狂妄無知，因為他自信他實實在在就感知到上帝的存在。而你叫一個唯物論者信上帝，他會說你是白癡。世界就是由物質構成的，何來神聖？由此我們就看到，人這個理性理念、理想，看來也是不能通達的，康德證明出它的二律背馳就不足為奇了。人那個心靈的東西，本來他生下來就一無所有，是現象與它交互作用，產生知識，而理性竟用一個意識不能直覺的理念來統一這些知識。這看來不是很荒誕嗎？這種以一個名詞概念來統領所有的知性做法，我們的古人早就會做。孔子所說的「吾道一以貫之[58]」的「一」字，就表明其以一個道來貫徹、統領其所有的知性、感性人生。這個一，就是理念。沒有一個「一」，人生就沒有著落，就沒有一個定心丸。後來的孟子也懂得這個綜合統一，他說：「先立其

58 《論語》，藍天出版社出版，二〇〇六年八月第一版，第二十頁。

大者，則小者不能奪也。」就是先立其極，人生槓桿的支掌點就立起來了。他說孔子登泰山而小天下也是這個意思。德國辯證法家黑格爾以總的歷史框架來立基，然後展開其否定之否定的辯證法論述，最後達到了對立的統一，回歸到了上帝的理念。他的做法，與孟子差不多，也是以一個總概念來統籌所有的知性概念。

但我們看到，這個理念的「一」，它竟是個假設的命題。是理性用三段論推理、判斷出來的。我們追源到此，就感到迷惑了，人除了用一個不能直接證實的理念，所謂的神、物質、理想國、仁等就可以用來堅定人的信心。把一生的思想、意識、行為都交給它管轄，說它是我們的主宰，是我們人類的希望。這不是太滑稽了嗎？如此我們看到形而上學的荒誕，所謂抽象又抽象的思維，原來是自欺欺人，猶如畫餅充飢。更進一步的說法，形而上學叫做「強詞奪理」。那個理念，竟與知性常發生矛盾，不合拍節。我曾寫過一篇〈康德哲學給我們的啟示〉，說康德理性的四大悖論，有神論和無神論的爭論都沒有結果。有人在博文中說，康德用的是形式邏輯來證明，當然行不通，若用黑格爾的辯證邏輯就可解決了。我不知黑格爾的辯證邏輯神通廣大在哪裡？有的對立面就是無，一個「無」字就可解決世界的源頭嗎？這只不過是康德所說的「幻相邏輯」而已，我稱為意中之意。即以邏輯之意套意識內容之意。一個意識的「有無」，再裝進抽象意識的「有無」，如此來回說，就可辨證出想要的那個意了。

這種辯證法，看似很圓滿，無懈可擊。但你心裡是不服氣的，明明是不通，但他辯證法一辯，卻說通了。這個世界從無中生有，就這樣變出來了，你心中能通達嗎？不能！那個結還在嘛。那個因果律你不要了，沒有一個原因、條件，就這麼以一個「無」變出一個世界來？

所以形而上學的辯證，以理念來統領人類意識的行為，也是行不通。它原來是以意來包意的把戲。即創造一個總概念，將所有知性具體的概念裝進去。我們說世界有一個創造者——神，把我們人類所發生的一切意識都歸於這個創造者，說我們人之所以有這個理性，之所以有這個世界，之所以有萬物，之所以有世界的千變萬化，都是上帝創造的；上帝是最高的統帥者，祂是沒有條件的萬能者，我們人不能問上帝如何如何？能不能，是不是？祂是無所不能的神。這樣，我們心中有一個理念做信仰，人生就圓滿了，就全而有了，實則還是一個意念，即柏拉圖所謂「理想國」的理念在作怪。

康德在《純粹理性批判》雖然指出了理性的四大悖論，但理性沒有直覺，康德也無能為力解決這個問題。他只有就有神論者和無神論者做個比較，說有神論者好過無神論者，若說無神，我們的生命靈魂就無所依託，一切知識，也就是空中樓閣，無所依據憑託了。後來康德的《實踐理性批判》，就是為了解決這個問題，說人的心性都有一個道德律令，這個道德律令促使我們向最高的善發展。我們人類何以會有這個天生的善呢？這個先驗的道德律令也可說人是上帝創造的吧？你沒有一個神來統領你的知識，引導你的行動，你的心靈就不能安寧。知性、情感、意志會壓迫理性做出一個總概念來達到你人生的目的。即我的靈魂總要有一個安住所來統領我的知、情、意。所以這個理念、理想，也是人為意識的概念。康德說：「純粹理性的這樣一條原理顯然是綜合的；受條件限制的東西在分析上是與某條件有關係的，但不是與無條件的東西有關係。[59]」所以這個無條件的東西，我們是不能質問其來由的，也是不能質疑其能力的。在唯物論那裡，我們不能質問物質是哪裡來的，只能說是客觀存在；在有神論者那裡，我們不能質疑上帝的能力，說「既然上帝是萬能的，祂能否造出一個祂搬不起的石頭？」這種悖論的話。所以說，這個「一」的理念，它是不能用知性去證實的東西，是一個以意來包意的觀念。康德說：「所以，一切先驗理念就可列為三類：第一類包含著思維主體的絕對（無條件的）統一性。第二類包含著出現的條件系列的統一性。第三類包含著一般思想的一切對象的條件的絕對統一性。[60]」康德又說：「我們很易看出：純粹理性的惟一目的就是條件方面的綜合的絕對整體。[61]」原來，

59 康德，《純粹理性批判》，華中師範出版社出版，韋卓民譯，二〇〇二年七月第二版，第三二四頁。

60 康德，《純粹理性批判》，華中師範出版社出版，韋卓民譯，二〇〇二年七月第二版，第三四三頁。

61 康德，《純粹理性批判》，華中師範出版社出版，韋卓民譯，二〇〇二年七月第二版，第三四五頁。

人類這個認識的程式是這樣的：當那個知性得出許多具體、雜多的概念以後，他就迫使理性對這些知性概念做出綜合統一，形成一個總概念。也可以說理性概念是眾多知性概念的絕對統一體。

然而，正是理性這個理念，給人類帶來更深層的災難。因為這個理念，它會反過來指導你的判斷力。康德認為，判斷力是調節性的。它會自動地，或說不知不覺地調節為這個目的服務。如一個人生活遇到很多挫折，他說命運為什麼對我這麼不公平呢？一個信教的人就對他說，這是神在對你考驗，給你很多挫折，使你堅定信心。而一個不信教的人則會說，這是一個很偶然的事，世界每時每刻都會發生有好有壞的事，你剛好都遇到了壞的機率，不能怨天尤人。其實這兩個人對你命運的看法不同，並不是他的反思判斷力強弱的問題，而是他心中有一個評判的尺碼，有一個觀念在引導他作出這樣的判斷。有一個最簡單的問題，人們都不會作太多的思考，為什麼人人都可以吃豬肉，而伊斯蘭教徒卻不能吃？這個宗教的荒誕，就是觀念產生的結果。據說豬是伊斯蘭教徒的祖先，這個觀念牢牢地箝制著你的腦袋，你能突破嗎？你吃了，就是吃祖先的肉。現今的中國政府，遇到西方人與他講人權，批評他時，他都會扣上一個陰謀論。你如此對我批評，不會出於甚麼好意，背後肯定有什麼不可告人的目的或陰謀。這種判斷，就是先有一個觀念來引導做的判斷。

理性理念的不同，其反思判斷也就不同。雖然孔子說「吾道一以貫之」，以一個理念來統領所有的知性。但不同的人，得出不同的道，而道不同則不相謀。你又如何擺平這個道呢？基督教的上帝，伊斯蘭教的阿拉，佛教的佛陀，孔子的「仁」，每一個教派都有一個無條件的觀念，這個不能用智的直覺去證明的「一」，只不過是各說各的話而已。

所以我對人類這個理性，不抱任何希望。說穿了，理性理念只不過是邏輯三段論推理、判斷出來的產物。理念是我們的智慧間接得來的東西，它不是直覺的產物。這種理念，只是知性、感性的支點，它在人類靈魂的心性上並未通達。就是說，它未達到真正的意志自由。信上帝的還是要歸於上帝，信凱撒的還是要歸於凱撒。那個風箏的線頭，還是要交給一個意識的觀念來掌握。到頭來，人類還是在智慧的圈子內鬥爭。這就是我為什麼說理性已病入膏肓，無法醫治的癥結所在。你能與原教旨主義者對話溝通嗎？你能對強權、專制主義者說不嗎？那個理性觀念的腫瘤已深入人心，再靠知性的重新洗腦，改變他的觀念？那無異於緣木求魚。再說，就算他改變觀念成功，你又能擔保他新的觀念是正確的嗎？其實，就觀念來說，它就總是意識的，不可能是客觀的。這種形而上學的爭論是沒有徹底性的結果的，只能是公說公有理，婆說婆有理。可以說，人之所以有這個理性理念，都是人類啟動認識程式惹的禍，是知性迫使理性要作出這樣的綜合統一的。我們要使意志自由，得到心靈徹底的通達，只有尋找另外的方法，靠理性，看來是不可能的了。

十、對認識程式的檢視

我們知道康德的認識形式（Form），包涵著純粹知性的概念；又知道認識有一個範疇，而這個認識的範疇有一套先驗的邏輯機能，它規定著認識的規律和法則。康德這個先驗認識論，說的是我們的「驗前的綜合判斷如何可能？」的理論，它有形式和內容，完全具備如電腦運作的一個程式。也可以說，電腦程式的理論，必須具備康德「先驗論」所說的條件和內容。即必須具備一個認識形式和認識範疇。因此，我認為人類的心性，包含有一個認識的程式。我們根據康德的先驗論，對這個認識的程式進行檢視，從而使我們認識人類這個思維意識的源泉，然後我們再來個反思，看看能否做歸根復源的工作，使心性回歸本性？

一、認識的形式，（康德所說的 Form）包涵有純粹的知性概念，這是認識程式最基本的裝置。也就是說，認識的程式，包涵有具體事物的純粹概念。我們看到甚麼，聽到甚麼，觸摸到甚麼，其量達到與心性的純粹概念相結合，我們就能確認這個事物。它在我們的心性中，是確切無疑的，是真實存在的。如此，我們就可排除康德認為我們認識的都是現象的說法。這個真實感，是由這個認識程式基礎性的純粹概念所決定的。西方哲學發展出現在的「現象學」，專以研究現象為深入，大概是受康德這個「現象」與「物自體」的劃定影響。「物自體」是不可以認識的，因此我們認識的東西只能以「現象」來審視。這是西方哲學誤入歧途的哲學方法論。他們再也不敢碰康德的「物自體」。如果我們都以現象或說表象來審視這個世界，那我們人類世界就沒有真實可言了，也可以說人類就失去誠信、真實存在的憑據。那麼，所謂的真理是從哪裡來的呢？從「現象」中得來的東西如何可靠？實踐也是在這個表象的世界實行，甚麼是真正的真理，就沒有一個絕對的結論來。如以認識的程式來說明，我們就可以解決康德這個「現象」與「物自體不可知」的問題。原來程式的基本形式有自然世界各種事物的純粹概念，人在這純粹概念的層面上認識的事物，都是真實可靠的，它與我們頭腦的純粹概念是可以直接相照應的。它再經過經驗得出的複合性概念，就有懷疑、討論的餘地了，因為這些概念，是經過想像力進行連結、綜合、統一的，是再生的經驗性概念，是程式的邏輯根據現有的經驗性概念進行組織再生出來的概念。由於程式是「三生萬物」的深入發展，它離原初那個固有的純粹概念就越來越遠，甚至找不到那個概念的根源，這就得出「物自體不可知」的結論。我們以認識程式來看人的認識，何以會有真實、誠信、公理、普遍價值等？就是程式有這個純粹知性概念做基礎。程式必定要有一套基礎性的純粹概念做編程的基礎編碼，這套純粹概念就是我們這個物質自然世界。

二、確認人類這個認識的程式，我們就知道我們的認識能走多遠和認識到甚麼程度？通常一個程式都有一個運作的範疇。認識的範疇就給我們一個範圍與限度。我們能知道什麼？不能知道什麼？都是有一個規律和法則的。我們理解了這個程式：首先它要有對象進入到心靈，它才起作用，沒有出現，我們就沒有知識。也就是說，沒有經驗，我們就沒有辦法得到知識。而程式得到一，它就產生二，而得到二，它就產生三，而得到三，它就產生萬物的概念。這個認識的程式不會停止運作，至到它產生一個無條件的總概念來包羅萬象，統籌這些認識為止。否則它就被它的知性所困擾而不得安寧。所以理性一定要有一個觀念信仰來做我們人類的主心骨。有神論也好，無神論也好，它最後總要有一個將認識的東西歸於一個出處，有一個安住所。我能認識這些東西，都是神的意旨，或是物質所造成。這個認識的程式，它本身就包涵打破砂鍋問到底的先驗邏輯功能。然，時空無限，宇宙無限，物質無限可分，我們又如何將事物認識完畢？如此，就出現理性的二律背馳。我們知道程式如此認識下去是沒有圓滿的結果的。那個理性的理念，只不過是知性迫使理性做出綜合、統一的一個總概念而已，它是一個不可實證的概念，是認識程式經過邏輯的三段論推理、判斷出來的一個概念。這是程式的一個必然邏輯功能。你有了具體、雜多的知性概念，程式必然要做出綜合統一，這就是我們常說的理性。它要將所有認識的知性概念，安排得有條有理：這是張三、李四；這是豬、狗、牛、羊；這是動物、植物、微生物；這是有機物、無機物等等。那個認識的程式有一套運作的系統，你能認識什麼？不能認識什麼？隨後又能再生什麼知識？最後的結果是什麼？程式都有一個運作的機制，即它有一套先驗邏輯機能，它能將事物分辨得清清楚楚。這就是康德的「先驗的綜合判斷如何可能」的理論。這個認識的程式，它必定要有一個目的論來統籌這些認識，這就是理性理念。所以我們說，理性也是個不可靠的東西，它只是心靈的慰籍，是知性認識迫使它作出的決定。如果我們明瞭這個人類認識的程式，我們就能很好地反思理性了。有人很崇尚理性主義，很愛拿邏輯證明這個東西來說事。實則邏輯只不過是人們經驗後總結出來的一套準則、機制。它不可能是萬能的，也不是甚麼千真萬確的東西。運用邏輯推理、判斷，是一個意中之意，與真實是有距離的，是間接的。理性概念也是這樣的概念，是運用邏輯推理、判斷出來的概念。所以說，所謂的科學，也只不過是人們經驗後，總結出來的一套邏輯法則和規律。它不一定是百分之百正確的，不是完美無缺的，是不全和不公的。我們明瞭理性觀念是一個不可實證的概念，它是不能使心性得到徹底完美的。這樣，我們就得在為道上拋棄理性，不要理性。

三、認識程式是一套完整的系統，即它是一套完整的認識程式。這套程式有自然世界的純粹概念，「吾心即是宇宙」。而且它還有一套「綜合判斷如何可能的」的先驗邏輯機能。而我們的認識，是以個體的人而進行認識的；即自我認識。而認識則是在時空的形式下進行的，而人，所佔的空間、時間是有限的。這樣看來，我們的認識，就是在程式打開一個門，認識什麼？不認識什麼？就由這個門進入的客體對象所決定的。這就是現象學所說的「意識的意向性」。如果我們從程式的完整性來看我們打開認識程式這個門，我們就知道，恰恰是認識破壞了程式的完整性，因為整套程式是純粹的，它是一個宇宙心。你將客體對象放入程式與純粹的概念相結合，使它的程式有了部分的經驗性概念，它就不是純粹的了。用現代人的說法，就是他已沒有了童真。所以知識是破壞人的圓融性，是使人產生缺陷、不全、不能滿足、情志不寧的幕後推手。一旦我們開啟認識的程式，它就必然運作下去。就如電腦象棋，你走這一步，它必然要走另一步來對應你，這是程式的邏輯功能所起的作用。康德的目的論，就是純粹理性所要求做出的決定。它必然要有一個目的性來圓滿它的所有認識。這個世界何以會這樣？何以會這樣有機地運轉？何以它會這樣奇妙而深不可測？我們人生何以會有此理性？等等，它一定要產生一個目的，即產生一個總概念，來統領所有的認識。我認為，這是認識程式運作的必然綜合統一。它一定要有一個終極目的來統領他的知識，上帝、物質、自然、宇宙、靈魂不死等理性理念，就是認識程式根據經驗認識所進行推理、判斷而得出的總概念。從這來看，所謂的信仰也是不可靠的，它只不過是認識程式的邏輯作用而推出的人生目的論。實則所謂的無神論、有神論，甚麼上帝、佛祖、阿拉以及物質決定論等，都是人類打開認識程式這個門後所得出的一個結果。這個結果是無法實證的，人們只有用感性去感應，我實實在在感應到神與我同在了；或是用知性進行推理、判斷，在我身上發生那麼多神奇、奧妙的東西，你說沒有一個神在主導，我不能不信。這一切，都是打開認識程式門所帶來的後果。即，我們人生經驗認識後所產生的意識，是先驗邏輯作用的結果。我們知道這個認識程式如何運作後，我們就得想辦法消除認識程式的運作，使心身恢復純潔性，回歸到人類本然的心性。

四、我們知道認識的程式與情感、興趣、愛好、意志等是互相作用的。因而使得程式意向性地、部分地向前發展，這就使我們的心智變得不公和不全了。不公和不全，就影響到我們的審美觀。我們的審美，就帶上利害關係、目的性、人為意識概念去評判事物，這就使人得不到最高的審美觀。

我們要使人得到意志自由，得到完善，得到靈魂不死，得到圓道，得到最高的審美價值，看來要尋找別的出路而另闢途徑了。

十一、探討意志自由的心靈之路

我們通過對認識程式的探討，知道理性理念是一個假設的命題，知道它是一個意中之意的東西。它是諸多具體知性概念的總概括，總概念。就像一個公司、一個國家，它總是要有一個頂頭上司來管理下面各部門的。這個理念，就是心靈的最高統帥者。它是知性的集合體，但反過來它又可指引知性、感性的行動。說到這裡，我們搬出孔子這句話來分析就很有意思了。孔子說：「七十從心所欲，不逾矩。[62]」為什麼從心所欲了，還要設一個矩來限制自己呢？在一般的思辨裡，說從心所欲，就是想做什麼就做什麼，今天生氣了，想罵人就罵人；今天高興了，想去哪裡就去那裡。心，無所阻攔，那才叫「從心所欲」。有一個矩來框住你，能叫「從心所欲」嗎？原來孔

62 《論語》，藍天出版社出版，二〇〇六年八月第一版，第六九頁。

子一以貫之的那個道，是有一個道德規範的。就是說，他那個統領他所有知性概念的仁，就是一個理念。所以他的「從心所欲」是要規劃一個範圍的。只有在這個圓圈內才有效，超出這個範圍就不是「從心所欲」了。就是說，你不能超越你的理念為所欲為。如信仰上帝的人，是不能超越上帝的。實則是不能超越上帝這個理念。

我們知道理念是由意識構成的，然而這個意識的東西，它又可以反過來指導知性、感性的行動。我們看到，基督教與伊斯蘭教同樣是信仰一個上帝，為甚麼他們分歧那麼大，大到不共天戴。原因就是那個理念它要由知性概念來包裝的，就是說，孔子那個「矩」，是需要知性概念來設的。你可以做什麼，不可以做什麼？這是非常知性的，這個限定的矩，來解釋這個理念神，就產生矛盾了。遠的不說，單就基督教徒可以吃豬肉，伊斯蘭教徒不可以吃豬肉你就鬧翻天。何來大家都是信仰一個上帝？原來這個上帝，又是由不同的知性概念來設矩的。所謂的教條，就是這個矩的幾何框線，由它來劃定一個範圍。這樣看來，用理性總概念來指引人生，也不能產生普遍的人生價值意義。天宗教不同的教派，雖然他們同屬信仰一個神，但用來解釋這個神的教條就各有不同。天主教與路德教不同，中東的伊斯蘭教也有很多教派，這都是知性的認知不同。

我們從人生的根源來探索，人生下來本來是無，腦袋沒有任何客體對象。慢慢的，他睜開眼睛，看到了外面的世界，各種雜多的現象出現了，那些出現與他的認識程式發生作用，不斷地產生知識，知識越來越多，裝進這個頭腦。這個頭腦有很多具體的知性概念。但在這知性認識過程中，宗教者不斷地向你灌輸宗教的神，說你是由那個神掌握的，說什麼可以做？什麼不可以做？都有一個神在左右著我們的人生。你長大了，那個觀念已深入心中，你的思想、行為，就由那個觀念來統領了。以一個總概念來領引所有的知性概念，使你的認識都有一個出處，一個根源。這就是人們常說的，「哲學是關於世界觀的學問，是對世界最一般的看法」。這個最一般的看法就是理念。信仰就由此確立進而指導你的人生了。

那麼，宇宙是無限的，物自體是不可知的。空間、時間也是無限的。我們人的知性認識，是靠出現與認識程式發生作用得來的，就是說，所有的認識，都是在一定的時空中進行的。這樣，人可以靠經驗穩步地將知識向前推進，但前面永遠有一個不可知讓你無法得到絕對的解決。你不能全面地認識世界，知道物自體是什麼東西？也可以說，我們是從一個針孔般的小洞看到世界的。所以說，理念本身就是一個聊以自慰的概念，是意志自以為是的麻醉劑。這一切，都是意識惹的禍。所以我們看到很多哲學家，他們很會繞圈子，天花亂墜地辯證一番，抽象又抽象，否定又否定，最後回到圈子的原點，設置一個總概念，把這一切都裝進去，就算圓滿了。黑格爾的上帝理念，叔本華的生命意志，尼采的權力意志，甚至弗洛伊德的力比多，唯物論者的物質，都是世界發生的一切根源。他們用一個概念名詞，就可以妝點世界宇宙了。如尼采說的權力意志，不僅人有權力意志，所有的有機物、甚至無機物都有權力意志。又如唯物論者的物質，它是客觀存在，沒有什麼它不可以包羅進去的。你說人有意識，唯物辯證法說，意識也是物質的屬性，人死了，意識就消失了。就說到上帝這個概念，祂也是無所不包的，即我們說的上帝是萬能的。祂是造物主，是無所不能的，是無條件的最高統治者。世界是由上帝創造的，人還有甚麼東西不可以解決的呢？由上帝來統領世界的一切就好了。有些聰明絕頂的邏輯學家，說他可以打倒任何學派。我認為，要打倒一種學說，只有跳出它的理論系統，在它的理論系統內來批判它，只能是上它的當。可以說，任何一種學說，都有它自圓其說的系統。你的打倒，也只能是各說各的理。很多宗教的立說，都是這樣的：它面面俱到，沒有甚麼不可以解釋的。

寫到此，我倒佩服莊子和禪宗六祖慧能的悟性，有人問莊子道在哪裡？莊子說道在屎尿。六祖慧能則說擔水劈柴都是佛。到了莊子、禪宗的境界，對那些有意識的觀念論者來說，理性理念，只不過叫的名稱不同，實則其所包含的內容是一樣的，都是一個「一」字，用一個總概念來包含一切知性概念。如果你要是用意識去證明，屎尿也可證明出道來；擔水劈柴都可悟出佛性。在空無的禪宗、莊子看來，如果你執意要一個概念意識來追尋道與佛，那是癡心妄想，執迷不悟，因為道是無，佛是空。

我們對康德的純粹知性、純粹理性進行追根溯源後，就知道意識上到形而上的理念、理想後，它就再也不能上了，然後就退下來指引知性和感性的人生。康德是怎樣解決這個問題的呢？他的《實踐理性批判》就出來了。他說人有一個道德律令，讓人往這個最高的善去完善自己。根據康德的《實踐理性批判》，再結合他的《判斷力批判》的目的論，人類從認識論到觀念論，從觀念再回到實踐理性，一套人類存在的有機形式就搭建起來了。正因為人類心靈有一個先天道德的善，意志自由、靈魂不死才得以成立。因為有了善，意志才會自由地作出選擇，而不受任何知性的束縛。然而，就我們上面所分析的，人的知性程式與出現打交道後，它就是一個意識的人生。有意識的人生，是不可能達到徹底的意志自由的。即使我們使出渾身解數，也無法面對上帝，解開物自體不可知這個死結。

我們拿電腦來作個案例，就明白這個道理了。當初我們從商店買回電腦，電腦本身有什麼東西呢？它有系統，裡面裝有我們能使用的程式。我們打開它進行使用，即不斷向它輸入東西，它就不斷顯示出我們想要的知識。這些知識在電腦裡面不會消失的，它肯定在電腦裡儲藏起來，即電腦把它儲存在一個個格位裡，不然的話，我們再運用這個知識，它就不會重現了。這就是康德說的「綜合判斷如何可能的」的心性能力。那麼，我們可以說，這台電腦，它的內心，已不是我們當初從商店買回的電腦了，當初的電腦，內心只有純粹的程式裝置，它是純潔無瑕的，是我們輸入東西，使它有很多內容了。而內容越來越多，有時遇到輸入的病毒，電腦就不靈光了，它就被卡住或損壞了。假如說，我們將輸入的東西一一洗去，不再留有半點輸入的東西，那，電腦不就回復到原來我們當初買回的模型嗎？它裡面裝的，就是原來固有的程式系統而已。我們人的生命意志，是受意識的左右的，意識越多，意志不可能有自由，它總要繫於某意識而存在的。也就是說，它要執某一意志。欲求是有所意指的，我想要什麼，不想要什麼，是有一個明確的目的的。這個目的的意指，就捆綁著這個意志，這個意志怎麼會有自由呢？所以我們要使意志得到徹底的自由，就得像電腦那樣，排除一切輸入的東西（即經驗性的東西），即不要對現象作出概念，不要有意念，沒有半點的執著與意說，它就回到其是其所是的原型中。心，無所繫，無所求，忘我無已，它與現象都處在自由之中，沒有概念，沒有利害關係，沒有目的性，意志就得到徹底的解放，自由自在了。

如此來看，我則提出一個膽大包天的命題：要使意志徹底自由，乾脆取消康德的一切認識形式，不要啟動認識的程式，讓人回到出生時的嬰兒狀態，空無。人不要意識，沒有意識，那意志就沒有了依靠，沒有了激動的源泉，它與現象都處在自由之中。那個大自然的氣息就直接與心靈相通，感到自由自在了。

總的來說，人生的困境，都是因為有知，就是受所謂的意識困擾。人類一旦開啟那個認識的程式，他無論怎樣用觀念論來包裝，來綜合，來統一，始終是不能全的，不能圓滿的。因為那個宇宙心太大了，它包含宇宙運作的法則和規律，它是無極的，我們人用意識是探不到底的。唯有讓那心性空著，不含任何客體、任何意識的東西，它才能還原那個宇宙心，回歸其是其所是的本性。即無極而太極。心性完整了，心靈就通了，意志就自由了，人就進入到無限的無限了。

十二、無驗哲學的提出及其建構

康德的哲學，叫先驗論，或說超驗論。這個人心性先天就存在的認識能力被康德證明出來了。他用綜合判斷的方法，對純粹理性進行了有力的批判，指出了理性的二律背馳。他在《純粹理性批判》的導言中指出：「我們現在所從事的這種研討，不應稱為什麼學說，而只應該稱為一種先驗批判。它的目的不是擴張知識，而是要校正它，並且要對於一切驗前知識價值的有無提供一個檢查的標準。[63]」

康德的用意是非常明顯的，他要為「我們的認識如何可能？」做一個先驗的研討，從而指出理性的侷限性。正如他在《純粹理性批判》第一版序言中所說的：「這種批判將決定一般的形而上學的可能或不可能，而且確定它的各種來源、範圍與限度

63 康德，《純粹理性批判》，華中師範出版社出版，韋卓民譯，二〇〇二年七月第二版，第五四頁。

——這一切都是按照原理而定的。[64]」當初康德建設他的哲學，雖然發現了人類這個先天性的認識原理，但其並沒有更進一步的探討。因此他所說的關於意志自由、靈魂不死，上帝的存在等人類關心的問題就不能得到徹底的解決。我在研究康德的哲學時發現，這是康德過於嚴謹的科學性而捆住了他的思想，也可以說他不能放棄的理性使他裹足不前。他把他的先驗認識論限定為認識的形式，說是認識的法則和規律。他劃定一個認識範疇，這就把人的能力堵死在認識的限度上了。他雖然後來有《實踐理性批判》和《判斷力批判》兩書作為道德哲學的墊補，以一個目的論和人固有向善的道德律令來圓滿他的哲學，但其還是在「執的存有論[65]」（牟宗三先生語：見《現象與物自身》）上，即一定要有一個意識的觀念來執掌理性的運轉，也可以說，康德不敢再邁出一步，達致全無，以致他不能看到人的一個全新境界，一個最高的審美境界——「獨與天地精神往來」，看到「天地之大美」。

我們從康德這個先驗哲學看到，既然人類先天就有這麼個認識的程式，而且這個程式決定著驗後知識的展現。即規定著驗後知識的度數和範圍。同時我們也知道，一旦開啟這個認識的程式，我們的意識就有意向性，認識什麼不認識什麼，它就有一

64 康德，《純粹理性批判》，華中師範出版社出版，韋卓民譯，二〇〇二年七月第二版，第六頁。

65 《牟宗三集》，群言出版社出版，一九九三年十二月第一版，第四三八頁。

個意向性的發展，而且這個意向性的發展是無極的。也就是說，每一項認識都可以永遠探究下去，不會認識完畢。而此來說，我們的心性就不能全而圓滿了。儘管有一個觀念論，用理性的理念對此作出統籌安排，用一個目的觀念來解決：以上帝或物質來建構這個人類世界的根源。但從康德的理性四大悖論論題來看，也不能圓滿地解決人類這個心智不全的問題。我們人類這個宇宙心，它是一個完整的太極。用意識去探究是不能徹底解決這個心性問題的。用意識去探求，只能是各執一端，破壞了陸象山所說的「宇宙便是吾心，吾心即是宇宙」的整體性。人是不需要向外求而圓滿的。你向外尋求，反而打破心性原來的完整性，變得不全而支離破碎了。另一方面，認識、情感以及意志對美的感性直覺是有影響的，用意識來對美的判斷是不全和有缺陷的，而且意識會擾亂和遮蔽真正美感的出現。既然上述問題的根源，是來自人類啟動認識程式所惹的禍，我們就不得不對這個認識程式進行重新檢討了。康德已指出以往的形而上學成為「海枯拔」，它不可能再向上推進一步。我們唯一的辦法，就是取法老莊的道無，取法佛祖釋迦牟尼的「空、寂」論，讓心性空無。即不要啟動認識的程式，不要用知去度、去量。讓心性回歸原來還沒有經驗的狀態。吾無知，吾什麼都不知道，我們就沒有所謂的認識問題了。因為外界所有的，心性也俱所有，心性所思維的理，也是自然世界所行的理。所以，我們就不要啟動認識的程式，讓心性保持純潔性，人不就回復到其本身，其是其所是，得全而圓滿了嗎？我們從老子「為學日益，為道日損，損之又損，直至無為[66]」看到，所謂的「損」，就是不要開啟認識的程式。損去知識，不要知識。損去一切知識達致空無後，我們腦袋的心性就恢復了其是其所是原型。這就是老子的「各復歸其根[67]」的真知灼見。

腦袋去掉知的東西，心性恢復了原型，既然就沒有甚麼理性的二律背馳的問題了。但是，人們通常被理性所綁架，以為取消理性的功能，人就沒法生活了。就如石頭，殭屍無異了。一個人沒有了思想，沒有了知，這，還是人的生活嗎？但人們沒有看到，人類腦袋那個心性，並非單單有認識的功能，它還有心身愉悅的審美功能。人類這個感性直覺功能很重要，它是建構老莊道無哲學的根基。我們若能證明出人不要知識，沒有知識，還存有一個心身愉悅的功能，一個道界的功能，即人生最高境界的審美觀。這個審美觀使我們看到最美妙的人生，得到人類一生所要追求的最高價值。即他大徹大悟，明瞭了人生的所有價值。那麼，這個人類最高的境界就可以證成了。

66 老子，《道德經》，安徽人民出版社出版，陳國慶、張養年注譯，二〇〇一年十月第一版，第四十二章第二七〇頁。

67 老子，《道德經》，安徽人民出版社出版，陳國慶、張養年注譯，二〇〇一年十月第一版，第十六章第二六六頁。

我們從康德的先驗論證明出，人類本身就有這個認識程式，這個程式已包涵純粹的知性概念，是不需要我們求知的。而且求知再多也沒用，你的那個認識的程式早就限定你的人生世界。如此，我們就證明出經驗性的知識不僅是多此一舉，而且是對人類達到圓滿最高境界的阻力與破壞。恰恰是意識，使我們背道而馳，擾亂了我們的心性。為道，我們就要摒棄經驗知識。接下來，我們再證明出美的感性直覺，是沒有概念和利害關係的，沒有目的性的而符合目的性，它也是不受意志左右的。而且美感是常常受到意識的干擾與破壞的。這樣，我們就證成老莊的道無哲學了。

以前的唯物、唯心論，可以說都是經驗論，它是以客體與主體互相辯證的學說，失去一方，它就無所依託。沒有經驗後的表像作為論述的支點，這種學說就無所憑據，這就是唯物、唯心哲學家知往不返的爭論不休。康德提出的先驗論，有進一步破解這兩者主張的迷思，但是，其先驗，最終還是要回到經驗中來。即，還是要有理性。康德所做的，是要為理性設置界限與範圍。這對人類自身的反思以及對自然科學的發展都作出很大的貢獻。然而，就是因為康德的批判哲學，他把人類的理性都作了範圍和限度，似乎我們的哲學就此而止步了，再也找不出新路子，只能沿著康德開發的路子走下去。也就是說，沒有經驗，知識就不可能有所發展，人類還是靠著經驗知識匍匐而向前走去。然而，經驗是有限度的，我們人認識的都是現象，不是物自體。

我們人能有意志自由而達至無限嗎？

我的哲學，不是經驗哲學，也不是先驗哲學，而是無驗的。

經驗哲學，我稱此為意識哲學。它是靠意識來進行辯證的哲學，無論唯物或唯心，他們靠兩者對立統一的關係，即所謂的矛盾論，來進行持久戰的。此等哲學不斷向上升，升到形而上，就再也不能升了。自蘇格拉底創立辯證法以來，這兩種哲學就沒有誰戰勝誰，只是各說各的話而已。唯物與唯心，也可說是兩分法的哲學，它是用主客體兩方面來論說的，因為辯證雙方是一個矛盾的兩個方面，誰也離不開誰，你消滅了對方，你也就不存在了。這種哲學，是不可能徹底解決人類打破砂鍋問到底的問題的。人能得到徹底的自由而達致無限嗎？

先驗哲學，康德開創的先驗論。他對經驗意識來個反轉，不是形而上，而是往下降，降到形而下之下，再也不能下了。他終於抓到了那個沒有經驗的知識。從而使我們明瞭了人類那個心性。原來我們人類之所以有此智慧，有此認識，有此爭鬥，有此榮華富貴，有此諸如磨難艱辛痛苦的經歷？根源都來自於心性那個認識的程式。也就是《聖經・創世記》所說亞當與夏娃吃了智慧之果後所產生的罪惡：人類有了「知」的功能。先驗論雖然揭示出人類那個認識形式的奧秘，使我們明瞭了心性認識的能力，但由於宇宙的無限，物自體的不可知，人類也不可能徹底解決終極問題。

向上升，我們再也升不了；往下降，康德已為我們降到底。我們還能做甚麼呢？唯一的辦法，就是兩者皆可拋：我不要經驗，也不要先驗，只能是「無驗」。

我不是蔑視人類的智慧，也不是看低後世哲學家的智商與能力。自康德的先驗論出來後，我們的哲學就不可能再有新的發展了。那個人類最高的完善問題懸而未決，那個最最頂層的問題：人類的最高境界，一直沒有得到突破或說完善；所謂的意志自由、靈魂不死，也就是我們中國人說的「圓道」問題沒有得到徹底解決。用宇宙論的觀點說，是我們沒有找到世界生成最後的因子，用康德的哲學術語來說，是「物自體不可知」。套用哲學家牟宗三先生的話說，理性沒有「智的直覺」。理性只會運用邏輯進行推理、判斷，而沒有直覺的認識。如此，我們能找回上帝曾經給人類居住的無憂無慮的伊甸園嗎？也是中國人所說的，我們能過上神仙自由自在的生活嗎？人類真的可以達致無限嗎？

其實，這個哲學的最高境界，中國古老的哲學早就解決了。五千多年前的黃帝無為而治，到周文王的「易，無思也，無為也，寂然不動，感而逐通天下之故……[68]」，就充分說明我華夏祖先早就悟通無經驗的人生真諦。後來出現的老莊，此兩位「博大真人

[68]《周易正宗》，華夏出版社出版，馬恆君譯著，二〇〇五年一月北京第一版，第六三一頁。

哉[69]」，不僅又一次抵達這無經驗的最高哲學境界，而且還給出了方法論。老子的「為道日損，損之又損，直至無為」，不就是不要經驗意識的方法論嗎？中華先人，都把老莊哲學，作為亂世處世的哲學，他們不作為，退於道，即作為道上觀去看這個世界。實則就是今人所追求的最高審美價值觀。他要在無概念，無利害關係，無目的性的超越支點上進行「玄覽」，他就可以「獨與天地精神往來」，「天地之大美」就一一朗現了。

再後來，中國又出現一個哲學家陸象山，他是先驗論的鼻祖。他的「宇宙便是吾心，吾心即是宇宙」的悟覺，就把老莊的道為什麼要無為，佛的涅槃為什麼要「空、寂」做了很好的注腳。原來，所謂的經驗性知識，都是多餘和不必要的認識，而且這個認識還是破壞宇宙心的圓滿性。有了經驗性的認識，就佔據了程式的某一部分純粹概念，使整套程式不是純粹的、完美的，而是有客體對象的。有了知的心性，是不能全而圓滿的。

在這裡，值得一提的是哲學家牟宗三先生，他用儒道釋哲學，對這個「圓道」問題做了很多工作，到了牟宗三先生那個境界，可說是無經驗的哲學境界了。他的「無執的存有論」與「智的直覺[70]」，不正是化解一切經驗論的迷思嗎？再也沒有執著，

69 《莊子正宗》，華夏出版社出版，馬恆君譯著，二〇〇五年一月北京第一版，第五七〇頁。

70 《牟宗三集》，群言出版社出版，一九九三年十二月第一版，第四三八頁。

也就沒有什麼表像世界的認識論了。然而，牟先生的論述，硬要冠上儒家的道德論，以儒家的道德底線為提升，將儒家的道德形而上學與圓道相連接，我覺得未免有些牽強附會。在牟宗三先生達到的最高聖界那裡，也是無驗的，即無所執的。他不可言，無可訓，已達空無的狀態，何來存有？他這個道德的存有，也只不過是意中之意的存有，即「沌沌其仁，淵淵其淵，浩浩其天[71]」的「中庸」存有，大到什麼都包羅進去的存有。然後「我欲仁，斯仁至矣[72]」。這個仁，是有道德內涵的。牟先生就執這個意而存有了。所以我覺得牟先生的儒道哲學，上到形而上，未免有些淤塞，何為心性既有限而又可無限？既存有而又無執？這只不過是用意中之意來包裝而已。即創造一個無執的意——天道或說仁，再用道德的至善來包裝進去，這樣就圓滿了，人就達至無限了。

我的老莊道無哲學，在此我且稱它為「無驗哲學」。它是徹底的無經驗哲學，無半點的存有論，是將經驗意識徹底鏟除出去的探源歸根，即莊子說的「無無」境界。沒有知性，沒有理性，最後達致一種感性直觀，「獨與天地精神往來」，看到「天地之大美」。這種哲學，是不需要意識來辯證的，連意中之意都不需要，他要達到「無

71 《大學、中庸》，華語教學出版社出版，一九九六年第一版，第一〇一頁。

72 《論語》，藍天出版社出版，二〇〇六年八月第一版，第一四七頁。

為、空、寂」的狀態。即要恢復到老子「各復歸其根」的狀態，也就是回復到全有的心性上。

我們在對意識的探源歸根後，就知道，一旦我們打開認識的程式後，它就與現象互相作用，認識就沒完沒了。而且這個認識，它是根據出現而意向性地深入發展的。這些認識，可以說是無底洞，因為物自體不可知，我們永遠也不能追根問底。我們對這些具體、雜多的知性認識，只有用理性進行整理、綜合。即將這些知識進行一個理性管理，提出一個最高的理念，即以一個總概念來做這些具體的知性概念的統領者。而這個理念不是智直覺出來的產物，而是運用邏輯推理、判斷出來的，它是不能實證的概念。那麼我們可以說，這個理念也是不能全的。它只不過是騙取知性信任的潤滑劑，讓知性能有一個安住所的空中樓閣。既然我們知道理性理念也是個不可靠的東西，我們為何不可以放棄它呢？

我們知道，理性理念是從知性概念推理、判斷、綜合得來的。那麼關鍵的問題就是這個知性了。我不要知性，不要啟動認識的程式，我就沒有知性的概念，沒有知性的概念，當然也就沒有知性的東西迫使理性做出理念。如此，只要不啟動認識的程式，就沒有甚麼知性和理性。因為吾沒有知性和理性，即沒有任何意識，這樣吾的宇宙心就是原來那個心，它保持了原來完美純粹的心性。這個宇宙心保持完美純潔後，我們就可以「感而遂通天下之故」了。也就是說，那個感不再與客體發生認識關係，而是流回它本身的心性，因宇宙心是純潔空寂的，沒有任何經驗性的認識概念的阻礙，那個感就一下可以抵達太極，整個宇宙心就可通達明瞭宇宙世界了。這就是智的直覺，也就是老子的頓悟得道——悟覺。

我在這裡要澄清一個問題，我的無驗哲學，說不要知性概念和理性概念，並不是說心性中沒有這些概念的存在。純粹的知性概念在認識的程式裡已存有，從康德的先驗論已證明這點，無需我再重述。我的無驗，是在心性已有無需再向外求的前提而說的。因為「宇宙便是吾心，吾心即是宇宙」，經驗再多，於吾何益？與吾何用？所以，無驗哲學不是否定概念的存在，而是否定經驗認識的多此一舉，而且經驗性概念還是污染心性純潔的毒素。如此我們才能徹底拋棄經驗哲學的迷思，摧毀理性理念的堡壘，悟覺出老子的「玄牝之門」來。

我的探索，就是要使無驗哲學如何成為可能？即人不要知性，不要理性，沒有經驗性的概念，還可以抵達一個鳳凰涅槃，或說天人合一的境界。這種徹底剷除經驗性概念的方法論，就是要使人達到盡善盡美的地步。這個無驗哲學，就是圓道的方法論，也可說是使人類如何達到最高的審美觀。

十三、老莊道無哲學的「玄牝之門」

我們明白「宇宙便是吾心，吾心即是宇宙」的原理，也明白經驗認識是不可能徹底認識這個宇宙世界和物自體的；我們也知道，理性理念的綜合統一，也是個不切實際、聊以自慰的空中樓閣。既然我們知道求知和理性都不能解決人生的問題，我們就得拋棄知識，不要知識。如此，老子的「損無」功夫就出來了。但我們損至「無為」以後，我們還能有什麼東西呢？我不是與死人，石頭一樣了嗎？什麼都不知，這是人的生活嗎？因此，我們的哲學命題就提出來了：你這個不要知識，不要知性和理性，對我的人生有甚麼好處？我總不能像動物、植物那樣過人生吧？或是如石頭般沒有一點感性反應？老莊這個道無，對人類有價值意義嗎？

首先，我們來看莊子的一段論述：

「天下之治方術者多矣，皆以其有為不可加矣。古之所謂道術者，果惡乎在？

曰：無乎不在。曰：神何由降？明何由出？聖有所生，王有所成，皆原於一。[73]」

莊子這一論述，正好說明我們上面對理念的分析，這個方術者之多，都是因為其將其有作為的意識意向性地推理下去，加到不能再加了，就成了一家之言。用現代的話說，就是自成體系了。無論你從那方面說，他都能周全解釋。這個原因就是「一」。他立了一個理念，甚麼都可以裝進去了。莊子細述各百家之學方術來由，於是他指出：「天下大亂，賢聖不明，道德不一，天下多得一察焉以自好。譬如耳目鼻口，皆有所明，不能相通。猶百家眾技也，皆有所長，時有所用。雖然，不該不遍，一曲之士也。判天地之美，析萬物之理，察古人之全。寡能備於天地之美，稱神明之容。是故內聖外王之道，暗而不明，鬱而不發，天下之人各為其所欲焉以自為方。悲夫，百家往而不反，必不合矣！後世之學者，不幸不見天地之純，古人之大體，道術為天下裂。[74]」

我們從莊子的論述知道，有概念的方術，都是意有所指，各執一方的己見，是看不到天地之純、古人的大道的。古人的大道，是不能用概念來命名的。也就是老子說的「道可道，非常道」的悟覺。那麼，不用概念，就是沒有意識了。沒有意識，人又

73 《莊子正宗》，華夏出版社出版，馬恆君譯著，二〇〇五年一月北京第一版，第五七〇頁。

74 《莊子正宗》，華夏出版社出版，馬恆君譯著，二〇〇五年一月北京第一版，第五七一頁。

怎麼看到天地之純呢？莊子特別點出彭蒙、田駢、慎到的道。他們「公而不黨，易而無私，決然無主，趣物而不兩，不顧於慮，不謀於知，於物無擇，於之俱往。[75]」

但莊子並沒有完全欣賞他們的道，說他們「其所謂道非道，而所言之韙不免於是非。[76]」沒有概念意識，也沒有甚麼主張的利害關係，與物質沒有甚麼兩樣，與事物一起運行。這不就是莊子所說的道嗎？為什麼莊子還批評他們呢？原來，這幾個人體悟的道雖然與老莊的道無有點相似，但其最大的缺陷是把感性直覺也去掉了。故莊子借豪傑的話批評慎到的道說的是死人的道理，根本不是人生的道理。你沒有了感性，又沒有了知性和理性，這與一塊石頭、死人有什麼兩樣？從這裡我們看到莊子論道的可行性，他推崇老聃、關伊的道，就是要有生人的道理，不是死人的道理。它是人間可以實行的道。莊子說他的道是「獨與天地精神往來，而不敖倪於萬物，不譴是非，於與世俗處。[77]」

他的道是可以與世俗一起相處實行的，是沒有甚麼懸念的。我們以此來看，老莊的道，雖然沒有知性和理性，不需要概念，也沒有利害關係，也沒有甚麼目的性，

75 《莊子正宗》，華夏出版社出版，馬恆君譯著，二〇〇五年一月北京第一版，第五八一頁。

76 《莊子正宗》，華夏出版社出版，馬恆君譯著，二〇〇五年一月北京第一版，第五八二頁。

77 《莊子正宗》，華夏出版社出版，馬恆君譯著，二〇〇五年一月北京第一版，第五八九頁。

但他需要感悟人生，一定得有一個感性的闡明。沒有感性直覺，他的道與慎到的死人道就一樣了。這個「感性」，與西方哲學界所稱的「感性」意涵有些不同，它是自我的感悟。這就是我在導言裡借用熊十力先生說的那個「性智」的東西。他是可以看到「天地之大美」的。這個吾之感悟，是與心靈直接相照的。沒有經過什麼知性的概念，也沒有什麼理性的推理、判斷。它沒有概念、觀念，直接就湧上心頭，它和光同塵，與時俱化，感到一切都美滿了。這個感悟的出現，是沒有「量智」的，就如《易經・繫辭傳》所說的「神無方而易無體[78]」，你企圖對它作出分析或概念判斷是不可能的。這就是「性智」。而我們要證成人有智的直覺，就必須有一個中國古人說的「吾」之存在。這個吾與我是有所不同的。吾，在其自己，是與外界沒有矛盾的，他是與天地萬物為一體的。而我，是有所對，有所相，有所執而言的。我在我的《老莊道無哲學探釋》一書十七章「『吾』之哲學觀[79]」對這個「吾」已有說明，在此不再多述。人達到老莊的道界，已無概念的表述，本體只能是吾而不是我。

78 《周易正宗》，華夏出版社出版，馬恆君譯著，二〇〇五年一月北京第一版，第六一四頁。

79 黃鶴昇，《老莊道無哲學探釋》，秀威資訊科技股份有限公司出版，二〇一二年九月BOD一版，第二一六──二二七頁。

老莊這個道雖然是無，沒有概念，沒有利害關係，也沒有目的性，但其道是可以感悟的，是可以與世俗處的。那這個道是什麼呢？我稱此道為最高的審美觀。莊子所謂的「獨與天地精神往來」、看到「天地之大美」，就是人生的最高審美觀。

康德在其《判斷力批判》一書論述審美判斷，稱其審美判斷是沒有概念，沒有利害關係的，也沒有目的性，但符合目的性的心性愉悅。其所說的審美觀，就是先驗審美觀。譬如我們看到一朵花很美，它是沒有概念的，也是沒有任何利害關係的，沒有目的性而符合目的性的。人人看到了，都說它美，心靈都感到愉悅。這種感受，它是直接與心靈相照應的，是沒有經過我想一想，對它進行一番推理、判斷才得出的美觀來。它是一種自然美。它與經過概念、利害關係衡量以及懷有目的的美完全不同。如我們看到一個女人很美，但我們知道她是個妓女，騙過很多人的錢財，我們的審美觀就變了，認為她不美了，而且很醜惡。為什麼呢？因為你帶上概念，帶上利害關係，懷有一個目的性去看人了。她的美就變質了。就是說，你戴上有色眼鏡看人了。前一種美是康德說自然審美觀，後者就是帶有概念、利害關係、有目的性等有動機的人為意識審美觀。

我們從康德的先驗審美觀可以看出，人原來有一個天然的賞心悅目心性。一旦有某種感觸動到這個心性位置，它就散發出非常舒服、愉悅、奇妙的美感來。這種美感，是沒有附加任何人為意識概念條件的，也就是說不出任何理由的。你感覺到美就是美，它是一下印到你的心靈上的。如男女性交達到高潮的那一剎那，其全身有一種說不出美妙的愉悅，一切所謂的思維都消失了。又如我們聽一種叫無題的音樂，所謂的無題，就是沒有主題的，也就是說，它不表達一個有概念意義的樂曲。但是，它既能打動我們的心靈。我們聽了很愉悅，很舒服。它很優美、動聽地印在我們的心靈。心靈為什麼聽到一些聲音會不舒服，感到煩惱和恐懼，而聽到一些聲音既感到很愉悅很舒服？這就說明心性除了有一個認識的形式外，還有一個審美的形式。它有兩個心性的灶門：一個是管認識事物的形式，一個是管審美的形式。美是心身舒坦、喜悅的心性，善惡、是非、概念是認識的心性。據《大紀元時報》二〇一一年一月十九日C3版一篇署名高紫檀、董韻〈一個中風腦學家的洞見〉的報導說，一個名字叫吉爾・伯特・泰勒（Hill Bolte Taylor）的女士，她是哈佛大學精神醫學院部大腦研究博士，一次她得了腦中風，使所有的意識都消失了，她進入到一個極樂世界，她感覺到一切盡善盡美。後來病好後，她對這一切還記憶猶新。此人是大腦研究專家，她就認為大腦神經有兩個部分：一個是管思維意識的，一個是管美樂愉悅的。遮住、去掉其他的大腦物理和認識活動，慢慢人的心就會平靜下來，就能感受到一些美好的東西。

從上面的分析和例子我們知道，大腦有認識的部門和美觀的部門，而認識的內容和情感是可以影響美觀的。如我們看到那個女人感到她很美，知道她是妓女後就感到不美了。說明人帶入情感、利害關係以及放入意識的概念以後，它的美感就受到影響而改變感受。最明顯的就是法國文學家維克多・雨果描寫巴黎聖母院那個醜陋的人，可是他是個心靈最美的人。善良、誠實、樂於助人。我們讀他，就感覺到他不僅不醜，而且很美。相反，我們看到那個道貌岸然、實際很陰毒的主教就覺得很醜陋了。這就是意識的審美觀，他將概念、利害關係、目的性都帶入這個審美判斷了。

我們知道自然美與帶有概念、利害關係、目的性的審美觀不同。這就為我們心靈幸福提供一條可能之路。我們如何使那種自然美充滿心靈，使其常住不溢，心性愉悅美滿，這不就是人類的最大福音麼？

所以我們要看到自然之大美，就得保持心性的純潔。小孩無憂無慮，天真活潑，就是他認識的形式對客體還沒有起著很大的作用，他無知，沒有經驗後的概念，也不知道什麼利害關係，他的心性基本上是純潔的，沒有參雜很多意識的內容。那麼他的感性，就不是為知性形式提供知識印象服務，而是順著大自然的氣息敞開美感的大門。可以說，他看到什麼都是美的，他沒有分辨出誰是陌生人，誰生得醜陋，他不知道火會燙人等等，他看到什麼都心歡喜悅。所以他就常常歡笑。

由小孩的喜悅我們知道了老子為什麼叫我們為道要損，要損到直至無為。為什麼叫我們返璞歸真，復歸於嬰兒？老子知道是那個知性、理性的形式，阻礙了審美的形式。你有為，就有偏見，就有知識的概念，人就無法達到道的境界，好好去觀賞了。你運用知識去判斷，那個美就是意有所指的，即是帶有概念、有利害關係、有目的性的美。你如何能看到天地之大美呢？

康德這個先驗審美觀，為我們鋪就一條通達道界的橋樑。這個使人心性愉悅的自然美，是沒有概念的，也沒有什麼利害關係的，沒有目的性，但符合目的性的心性愉悅。就是說，它與知性、理性是無關的。康德在寫他的《判斷力批判》一書時，可能沒有注意到，他這個先驗審美，是一下就印證到我們的心靈的，我看到這朵花很美，它是直接給我賞心悅目的愉快。這是一個直覺，康德怎麼會把它歸到判斷力裡去呢？判斷，就是要有思維才能判斷，這個直覺的相應有判斷嗎？看來康德是有些矛盾的，他在他的《純粹理性批判》一書對感性的論述，認為感性是沒有認識的，感性只是雜多的表象，只有經過知性的綜合統一，才能有認識。那麼這個自然美，只能稱為心靈的直接判斷，而不能稱為感性直覺。然而，所謂的「判」，是要經過考量的，這個直覺不可能有判斷。我對這個問題百思不得其解，直到讀了牟宗三先生的哲學才茅塞頓開。牟先生「智的直覺」，指的不就是心性與客體一下相照應，「感而逐通」心性通悟嗎？這個美感也是直接湧上來的。西方傳統的哲學，稱此為感性直覺。我覺得以牟先生的智的直覺來稱謂，更是名副其實。如人到了大徹大悟的境界，他是一下頓悟得道的，不需要經過什麼思考之類的，一下就明瞭真相大白了。這就是智的直覺。康德這個審美判斷，實則沒有判斷，對象直接在我們的心靈展現出來的，沒有理由，不講概念，也不帶任何利害關係，也沒有目的性，就這樣與我的心靈相照應了，從而引起我周身的愉悅，這就是美。德國詩人席勒（Friedrich Schiller，一七五九—一八〇五）對美的把握更真切，他說：「美是現象中的自由。[80]」（Schoeheit ist Freiheit in der Erscheinung.）沒有現象中的自由，人也就無法捕捉到自然美。現象中的自由，就是我們對這個現象不要有概念的，與它也沒有甚麼利害關係的衝突，也不要帶有一個目的性來框住它。這個現象是自由地與你的心靈相照應的。

席勒說：「美是現象中的自由。」正好說明康德的先驗審美是沒有概念的，也是沒有利害關係的，沒有目的性但符合目的的審美原則。這樣，我們就看出來了，原來概念、利害關係或懷有一個目的論，都是妨礙自由的。你企圖用一個概念來說美，帶著一個利害關係來說美，或是懷著一個目的論來說美，這個美就不是自然的了，而是帶

80 Ruediger Safranski (2009.9). *Schiller als Philosoph–Eine Anthologie.* Fischer Taschenbuch Verlag Frankfurt am Main, Page 18.

上人為意識色彩的美。如你看到一朵花很美，你用一種解析的方法說它美，說這朵花有四片花瓣，一條花心，周圍有綠葉扶持等。這種用概念來分析的東西，能說明你心中那個美嗎？又如一只豹子與你面對面，張牙舞爪要吃掉你，在這利害關係的緊要關頭，你能感覺到豹子紋的美嗎？一個老婦人在你的心中看來明明不美，可是你為了得到她的好處，懷著這個目的去看她，覺得她很美。這些所謂的美，都是人為意識帶有偏見的美。我們要使美得到自然的展現，就得除去意識的概念，沒有利害關係，也不要人為意識的目的。讓現象自由地與心性那個美相照，才能發出真正的美來。如此說來，我們就明白老子為甚麼說「為學日益，為道日損，損之又損，直至無為」了。原來我們人的那個美的心靈窗戶，它是不需要知性和理性的。那些知性、理性概念的出現，反而屏蔽了它自然的美感。消除那些知性、理性的東西，就沒有什麼意累的干擾了。你沒有了知識的概念，無身忘己（已沒有利害關係），也沒有什麼理念的目的（假借一個神來做心靈的安住所），自然的現象就自由地湧入你美的心靈窗戶，你就出現智的直覺，「和光同塵，與時俱往」，「獨與天地精神往來」、「看到天地之大美」了。

我在前面探討意識的起源時，已提過純粹概念的位格。人的腦袋裝有千千萬萬個億的純粹概念位格（空概念），認識一個事物，它就放入一個格子，這個格子就裝有意識的東西了。就是說，這個位格裝有經驗後的概念，它不是空的了，而是實的了。

經驗後的認識多起來，就充塞各位格，使其變為充實有知識的概念位格了。這種實的位格多起來，就堵塞了自由現象進入心靈的管道。原來我們的心性是空的，現象可以自由直達我們心靈愉悅的深處。即我可以直接感受大自然，我與大自然是相通的。你把那些經驗後的知識概念充塞各位格，現象進入心靈美的管道就被堵死了。寫到此，也許有人會質疑我胡說八道，沒有事實根據。其實，早在幾千年前，印度佛教聖祖釋迦牟尼，就悟出這個道理了。釋氏抵達鳳凰涅槃的境界，強調的就是要「空、寂」，要「清淨心」。甚麼是空？就是不要有意識的概念，讓心靈的窗戶空空如也，那心性純粹得不含一點雜質。只有這樣，那心靈才可以與自然現象直接溝通。這就是釋迦牟尼的最高智慧——鳳凰涅槃。很多人信仰佛教，以拜佛來作精神解脫。實際上很多人就不瞭解釋氏這個「空、寂」的真義。空，就是叫你不要有意念呀；寂，就是叫你清靜不要有所行動呀。你整天拜佛求錢財，保平安，這個意念可強烈了，如何能立地成佛呢？釋迦牟尼這個「空、寂」的悟覺，正是道出我上面所說的人心性本是空的位格。就如我們中國人造的「靈」字，它有四個口是空的，那現象可以自由進入，它就感覺到靈了。你堵死這四大口，把那些口充實了（有了經驗性的概念），那現象就不能自由進入，你就沒有靈感了。釋迦牟尼是窺見到人類這個心性形式的人。他把人人都可以成佛的真諦說出來了。後世的人沒有這個悟覺，用意識去作猜度，立法說教，就變為當今的佛教來。梁漱溟先生是佛家，對佛研究很有悟性。他說那些拜佛、臨時抱佛腳的人，是不能脫離苦海的，也不會得到佛的拯救的[81]。

為什麼？我告訴你們，就是你們無法達到釋迦牟尼那個「空、寂」的心性。你用意識去人生，就是說，有概念的人生，是不可能悟到佛性的。後來的耶穌，也悟覺到這一心性形式，他在〈登山寶訓〉中說：「清心者有福了，他們將要見到上帝。」（《新約全書》馬太五：八）又說：「除非你們改變得像小孩一般純潔，否則將永遠進不了天國。」（《新約全書》馬太十八：二）。為什麼要清心，要像小孩一般純潔？這不是明明白白地告訴我們，不要啟動認識的程式，不要有經驗後的認識概念，要讓它空著，這樣才能見到上帝，進入天國。耶穌是悟覺到了這一心性形式的，但他加入上帝、天國等人為意識的東西，未免有些折扣。你加入一個上帝的觀念，又回到意識的人生了。拜佛、祈禱上帝的信仰者之所以獲得靈感，只不過是從理性回歸到知性和感性的結果。即康德所說的「反思判斷力」所起的作用。它是有一個觀念的目的性在作引導性的感知，此與釋迦牟尼的「空」，與老莊的「無」有所不同。我最欣賞的是老莊的道無。他的「無為」，即不要啟動認識的程式。古代人說無，

81 《梁漱溟集》，群言出版社出版，一九九三年十二月第一版，第六一頁。

即「不」、「不要」的意思。無為，即不要作為。古籍《尚書》對這個「無」字與「罔」、「冇」字用法就有很大區別。當今人將無字解釋為「沒有」是不對的。老莊這個無為，是退之而「玄覽」，我稱之為「最高的審美觀」。正如德國詩人席勒所說的：「美是現象中的自由。」人只有取消認識的形式，不需要概念，沒有利害關係，沒有目的性，才能達到現象中的自由。有意識，就有量智了。而佛家講空，雖然有取消認識形式的作用，也得到鳳凰涅槃的人生最高境界。但其道行有些太孤獨，有些不吃人間煙火的味道，一切皆空，就與莊子說慎到的「死人道理」相去不遠了。如此在人間實行就比較困難。而老莊的道就人性化，他可以「於與世俗處」（《莊子・天下篇》）。老子就說過：「吾言甚易知，甚易行。」老莊這個道，只要你不啟動認識的形式，不要計較利害關係，不要有什麼信仰崇拜（目的性），順其自然，就可以悟道。老子總結出的悟道方法就是一個「損」字。要「為道日損，損之又損，直至無為。」就是說，老莊這個道無，其它的都損去，但要有感性直覺。沒有感性直覺，就是慎到的「死人道理」了。

我們從釋迦牟尼、耶穌、老子的悟覺可以看出，有意識，即有概念，是阻礙人達到最高的審美境界。就是說，人要達到盡善盡美的境界，腦袋就要達到空無、像小孩那樣天真無暇。由於耶穌開始就設立信仰一個上帝，所以他說的「像小孩一般的純潔」的悟覺未免有些落差。這個「純潔」性，就是無知，他是沒有半點認識的形式參雜其中的。有知識，就不是純潔的了。所以，達到小孩一般的純潔，是不知道有一個上帝的存在的。孔夫子與耶穌一樣，拿個「仁」來說事，就開啟認識的形式了。這個有概念的意識，只能用意中之意來使觀念圓滿。即設置一個理性觀念——「上帝」或是「仁」，然後再用知性、感性來證明這個觀念的存在。這種做法，又回到理性主義者那裡去，其產生康德說的理性悖論就不可避免了。康德雖然看到這個理性悖論，但其沒有悟覺到老子損到直至無為這個功能，其也不敢放棄理性。他的名言：「我因此就得揚棄知識，以便替信念留有餘地。」（Ich musste also das Wissen aufheben, um zum Glauben Platz zu bekommen.）康德最終還是不敢放棄信仰，還是要懷有一個目的性。他是能可信其有，不可棄之無。

牟宗三先生說康德已幾近聖人的境界。在我看來，康德再邁出一步，把這個認識的形式取消了，直接達到空無，讓現象自由進入心靈，他就達到莊子「朝徹」的地步，「獨與天地精神往來」，看到「天地之大美」了。我讀康德，也很認同牟宗三先生對他的評價。他已探明人類這個不求而有的心性，又知道美是沒有概念，沒有利害關係，沒有目的性而符合目的性的心性愉悅。他為甚麼不拋棄笛卡兒「我思故我在」的枷鎖，再向前邁出一步，達到那聖人（真人）的道無境界？既然我們內心已有宇宙世界的一切，何必向外追求而不得圓滿呢？康德之所以不敢再邁出一步，我認為是康德過於嚴謹的科學精神和他的信仰所決定的，他每作一步論證，都要有邏輯根據的，也就是說，他不敢丟掉理性的東西。他把感性、知性、理性分辨得很清楚，這就不可能生導出「智的直覺」，只能在「執的存有論」打轉。連美這個感性直觀，他也要歸納到《判斷力批判》中去求證。而且他探索到人類這個先驗的東西，是從哪裡來的？人類何以會有此理性？這些哲學問題，總得有個出處，有個安放的地方。由於他的信仰以及他的人是自然的立法者的科學精神，當然他就把這一切歸於上帝了。

我之所以贊嘆老莊道無的玄妙，就是覺得，老莊竟然邁出無這一步，甚麼知識都不要了，要「復歸於嬰兒，棄聖絕智」。你想想，一個人沒有知識，不要知識，這個人還存在嗎？還有他生存的意義嗎？老莊就悟覺到另一種人生的價值來。這種悟覺，是「非常道」的，是非一般人所能想像所能理解的。這就是《易經‧繫辭傳》所說的「易，無思也，無為也，寂然不動，感而逐通天下之故……」。你沒有思，也無所作為，靜靜地呆在那裡，就感到所有的人生價值都湧到你的身上來了，這不是非常玄妙而令人大感愉悅的人生最光輝一刻嗎？老莊真的是「博大真人」呀！

十四、亞當與夏娃能否重返伊甸園？

我們在探討人關閉認識的程式，可以開啟審美程式的大門。而且我們也探討出，知識是阻礙現象中的自由的。也就是說，知識是擾亂美的感性直覺的罪惡禍首。那麼，人是否可以把知識損去，把自己變為無知？

《聖經・創世記》上說，上帝造亞當與夏娃，原本是沒有智慧的，他們在伊甸園無憂無慮，過著快樂的生活。是因為有一天，受了蛇的引誘，偷吃了上帝的智慧之果後，有了知，就產生罪惡了。這個說法，似乎智是與人生俱來的，是去不掉的。然而老子既說：「為學日益，為道日損，損之又損，直至無為。」這樣看來，知識是可以損去的。

我們現在來看知識是否可以損去。

康德在其《純粹理性批判》一書裡，視空間、時間為感性直觀的形式。他並沒有像以往的哲學家那樣視空間、時間為客觀事物存在的形式。他否認空間、時間為客觀實在。他說如我們去掉一切感性直觀，則空間、時間即消失。這就是說，我們不去啟動這個感性來源，這個空間、時間的形式就不起作用。空間、時間的形式不起作用，就沒有意識的形成。如一個事件的回憶，當時若不是某一時間、某一空間感性的觸動，他就不會回憶起這件事。這件事原來在你的心中早就存在，就是說，它在你的心中，早就形成知識。但你不回憶它，它就永遠消失了。所謂的忘記、失憶，就是空間、時間在認識的形式裡失去了作用。一個人，他本來學了很多知識，有很多經歷。可是他生活穩定以後，每天就吃喝玩樂，慢慢地，他把他以前所學的知識以及他以前的經歷都忘記了。人，是可以把他的知識損去的。

康德在談到量和質這兩個認識的範疇時，他也是一反一些哲學家的常態，很多哲學家認為質決定量，康德則認為量決定質。知性的形式是根據出現來形成知識的，感受量的多少就決定知性概念的形成。如兩個人在山上散步，遠遠看到一條蛇，走近一看，原來是一條麻索。這就是量決定質。開始認為是蛇，是太遠了，對象提供的量不夠清晰，造成判斷錯誤。康德這個量、質關係，又為我們消除意識提供證據。我們只要消除感受的量，就可以損去知識。如我們學習某知識，學了幾遍還是記不住，就是說，我們大腦的那個知性的形式，它需要達到一定的量，才能使形式發生作用，記住這個認識的對象。這就是所謂的學習壓力。壓力超過正常的感受，就形成所謂的暴力。人們對暴力的印象特別深刻，就是這個客體的量非常強大，強力侵佔你的感受領域，把其他可以進入你感受的客體量都排擠掉了，你的純粹知性能力只能對此發生作用。因此，減排出現量，可以使人損去知識。即通常人們所說的減少注意力，你就可以達到一種心力平行。所謂的「知足常樂」，就是這麼回事：所有客體的量，對其認識程式都不起作用了，什麼都看得平常了，內心就感到滿足了。孟子有一句話最神奇，叫做「所過者化，所存者神，上下與天地交流。[82]」所經過的都化掉了，存下來的都是很神的東西。這說明人是可以損無的。

說到人的損無功能，法國哲學家薩特（Jean Paul Sartre，一九〇五—一九八〇）認為，人是自為的存在。所謂的自為，就是他有損無（有人譯為「虛無」）的功能。他的《存在與虛無》，就是如此論述的，一面是自在之物的現象，一面是人可以損無的功能。兩者之間來回辯證，最後辯出薩特想要的存在意義。從薩特的哲學論述我們知道，人是有損無的功能的。他可以把他不需要的意識損去，也可以把自在之物視而不見。把他認為好的意識儲存下來。而且意識還有意向性（德國哲學家胡薩爾的現象學術語），他會意向於某一點，某一物，某一事，而將其他的現象虛無了。這個意識的

[82] 孟子，《孟子》，臺灣智揚出版社出版，民國八十三年版，第三五七頁。

意向性，當然與意志、情感、愛好等有關。我們在此不是探討胡薩爾、薩特的哲學，而是指出損無的可能性。既然人可以損去其心中的知識，那麼老子說的「為學日益，為道日損，損之又損，直至無為。」就可以成立了。人有了知識，再將知識損去，變為無知識，這個論題是可以成立的。

人的損無必須具備五個條件：

一、損去情感的利害關係。

有情感，人就被情感所牽制。人不能走出感情的漩渦，情感就綁架你的意識。你在心中念念不忘這個情那個情，記住這個好，憎恨那個惡，你對事物的看法，就會有一個意向性。你的意識就集中投向這個情感而概念。佛教的和尚、尼姑及高僧為什麼要離家出走，住在廟裡？就是要割斷與世間人那個情緣。佛家說你不能斷這個緣，就不能修煉。這個情就是對人對物的一種掛念。所謂的掛念，就是一個意識的專注。他把所有意識都集中到這個事物中去了。對所有來自外界的現象視而不見，聽而不聞。這就是所謂的情困。有情感的人是不能損無的。所以為什麼莊子的老婆死了，他還敲鑼打鼓唱歌，就是他已悟覺到為道要損去情感的束搏。這樣才能消除意識概念的困擾。一個人帶上情感去作事物判斷，你容納不下其他東西，就你感情部分來概念事物，用老子的話來說這就是不「公」（老子：「容乃公。」《道德經》十六章），不公，就是不能周全宇宙的一切，是一種偏激的意見和想法。有情感激勵心靈活動，人是不能靜下心來的。心不能平靜，你就不能損無。

二、損去是非價值觀念。

人有是非價值觀，就有想法，有想法，就得有判斷，有判斷，就有意識的概念。那些是對的，那些是錯誤的？那些是有價值的，那些是無價值的？都要有一個意識的判決。這樣人就有一個主觀的意識來牽制人的行為方式，使他無法與現象自由溝通。莊子就認為爭論是沒有對錯輸贏的。他還對惠施的能言善辯不以為然。以莊子對惠施的描寫，惠施的書有五車之多，天下沒有什麼事可以難倒他的，他的辯才可說是世界一流的。他說雞有三隻腳，火不熱，至大無外，至細無內，天與地一樣低，山與湖澤一樣平。等等，他什麼都論到了，可是有甚麼用呢？莊子說：「惠施不辭而應，不慮而對，遍為萬物說，說而不休，多而無已。猶以為寡，益之以怪。以反人為實，而欲以勝人為名，是以與眾不適也。弱於德，強於物，其塗隩矣。由天地之道觀惠施之能，其猶一蚊一牤之勞者也。其於物也何庸？夫充一尚可，曰愈貴道，幾矣。[83]」莊子對惠施的批評，就是認為惠施用不同的邏輯形式，套上不同的內容，到處給事物作出概念，給予不同的價值評判。這種能言善辯，是不可能周知世界宇宙的一切的。他的所有努力逞能，只不過像一隻蚊子，一個牛虻的勞作而已。爭論是沒有輸贏的，也是無法評判誰是誰非的。所持的價值觀不同，其是非判斷就不同。莊子說：「夫言非吹也，言者有言，其所言者特未定也。果有言邪？其未嘗有言邪？其以為異於鷇音，亦有辯乎？其無辯乎？道惡乎隱而有真偽？言惡乎隱而有是非？道惡乎往而不存？言惡乎存而不可？道隱於小成，言隱於榮華。故有儒墨之是非，以是其所非而非其所是。[84]」

就如我們分析過的，你運用意識，必然要有所指，指什麼？當然要有一個概念。這個概念的出現，就意味著另一些概念隱退了。即沒有機會出現了。莊子處理的方法，就是不要啟動認識的程式，不要概念它。他稱之為「和之以天倪」。莊子說：「何謂和之以天倪？曰：是不是，然不然。是若果是也，則是之異乎不是也亦無辯；然若果然也，則然之異乎不然也亦無辯。化聲之相待，若其不相待。和之以天倪，因

83 《莊子正宗》，華夏出版社出版，馬恒君譯著，二〇〇五年一月北京第一版，五九一頁。

84 《莊子正宗》，華夏出版社出版，馬恒君譯著，二〇〇五年一月北京第一版，二五頁。

之以曼洐，所以窮年也。忘年忘義，振於無竟，故寓諸無竟。[85]」損無，就是不要是非價值觀。

三、沒有目的性。

人最不能放棄智慧的，就是人的理性。而理性的最高原則就是理念，而理念就是其人生的目的。它是意志所要實現的目標。一個人有懷著一個目的，他要做甚麼？如何作為？都要有一個意識的指向。就是要以理念作為行動的準則。這樣意志就不是自由的了。他必須有所持，有所執，有所期望，你是不能超越這個目的的。如你信上帝，以上天堂與上帝在一起為目的，你就要遵守《聖經》所說的一切教條。你把實現孔子的仁作為目的，你就得履行儒家的道德禮教。懷有一個目的，思想、行為必定要往這個目的用力。所以莊子說：「若夫不刻意而高，無仁義而修，無功名而治，無江海而閒，不道引而壽，無不忘也，無不有也，澹然無極而眾美從之，此天地之道，聖人之德也。故曰：夫恬淡寂寞，虛無無為，此天地之平而道德之質也。[86]」有一個目的在，就有意識在，有意識，就是用知識去人生，這是上帝不能原諒人類而將其趕出伊甸園的原因。

---

85 《莊子正宗》，華夏出版社出版，馬恒君譯著，二〇〇五年一月北京第一版，四七頁。

86 《莊子正宗》，華夏出版社出版，馬恆君譯著，二〇〇五年一月北京第一版，第二五三——二五四頁。

四、沒有時間、空間的性質。

要做到無知，就要去掉時間、空間的觀念。有了時間、空間的觀念，世界就有變化、發展。有變化、發展，我們人就無所適從，永遠也無法抵達世界的彼岸。莊子在〈秋水〉一文借北海若曰：「井蛙不可以語海者，拘於虛也；夏蟲不可以語冰者，篤於時也；曲士不可以語於道者，束於教也。[87]」以時空來作認識的形式，人類永遠無法找到絕對。因為「夫物，量無窮，時無止，分無常，終始無故。[88]」你的求知，是無法找到世界最後的因子的。你只有「無動而不變，無時而不移，何為乎？何不為乎？夫固將自化。[89]」很明顯，你有時空觀念，就打開了認識的程式，有認識，就是知道了甚麼，這就是運用智慧了。有時空觀念，你就不能有一個常在的「吾」，只有一個無常、變化的「我」了。康德就將時空視為感性直觀的形式，而不是客觀實在。沒有意識，時空就消失。時空消失了，就沒有所謂的古今往來，人沒有時空觀念，才可以進入「沒身不殆」的境界。

87 《莊子正宗》，華夏出版社出版，馬恆君譯著，二〇〇五年一月北京第一版，第二六六頁。

88 《莊子正宗》，華夏出版社出版，馬恆君譯著，二〇〇五年一月北京第一版，第二七〇頁。

89 《莊子正宗》，華夏出版社出版，馬恒君譯著，二〇〇五年一月北京第一版，二七七頁。

五、順從自然。

人要回到亞當與夏娃沒有偷吃智慧之果前的生活，就得順應自然，不要對它做什麼實踐、改造。因為道法自然，道是獨立而不改的道，你是不能改變它的。用通俗的話說，叫做「道是不以人們的意志為轉移的」。既然你不能轉移它，你就得順應它，否則你就不能與道同流，一起與道運轉。老子說「道法自然」，就是天地本就如此，順之者昌，逆之者亡。人如果違反它，就是與天地不合了，與天地不合，就是我們與天地發生矛盾了。內心有矛盾的人，不可能「和光同塵，與時俱化」，做到天人合一。

老子的損無方法，莊子總結出三個方面，他說：「吾猶守而告之，參日而後能外天下。已外天下，吾又守之，七日而後能外物。已外物矣，吾又守之，九日而後能外生。已外生矣，而後能朝徹，朝徹，而後能見獨。見獨，而後能無古今；無古今，而後能入於不死不生；殺生者不死，生生者不生。其為物，無不將也，無不毀也，無不成也。其名為攖寧，攖寧者，攖而後成者也。[90]」莊子說的「外天下、外物、外生」三者，其實也就是老子「復歸於嬰兒，棄聖絕智」的表現。

[90]《莊子正宗》，華夏出版社出版，馬恒君譯著，二〇〇五年一月北京第一版，一一三頁。

「外天下」可以用佛家所說，放棄人世的一切情緣，沒有人世間的是非、情仇、功名利祿，即「清淨心」。這個「外天下」，也可以說是與人世間沒有任何利害關係。「外物」，就是與物無礙，沒有什麼矛盾的對立面，萬物與我為一體。也可以說是不對任何現象作出概念，即萬事萬物與我為一。

「外生」，也就是無生死。要做到無生死，就得損去時間、空間觀念，沒有什麼古來今往，也沒有什麼空間的定位，沒有時空觀念，生死觀念就被消除了，就是說，他不想知道什麼是生，什麼是死，只是順其自然而活著。這樣他就進入到「朝徹」的境界，從而見到獨特的道了。

總之，老莊的損無，就是要把我們經驗後的知識損去。老子的「為學日益」就可以反證此點。為學，每天都會有甚麼知識放進腦袋裡去，而為道，就是要把放進腦袋的知識清除出去，一直損到腦袋沒有一點知識為止，這樣人才能恢復其本性。

十五、「各復歸其根」

老子說：「至虛極，守靜篤，萬物並作，吾以觀其復，夫物芸芸，各復歸其根。歸根曰靜，靜曰復命，復命曰常。不知常，妄作凶。知常容，容乃公，公乃全（有作「王」），全乃天，天乃道，道乃久，沒身不殆。[91]」

早在二千多年前，老子就指出這個人類的心性，原來我們人類會有什麼概念，什麼認識，什麼觀念，都是那個心性與現象發生關係而得出來的結果。有人叫這個心性為「心因」。莊子稱為「心機」。康德則稱為「認識的形式」。這個認識的形式一打開，人類的智慧就運作了。這就是我們人頭腦的認識程式所起的作用。所以亞當與夏娃被上帝趕出伊甸園就毫無懸念了。老子早就揭穿這個謎底，不是上帝把他們趕出

[91] 老子，《道德經》，安徽人民出版社出版，陳國慶、張養年注譯，二〇〇一年十月第一版，第二六六頁。

伊甸園，而是他們自己把自己放逐的。你要有所知，有所圖謀，你是不可能在無憂無慮的伊甸園生活的。上面我們已分析過，你一旦打開那認識的程式，那個心性就不全了。心身不全，你就情志不得安寧，你內心焦慮不安，怎能無憂無慮呢？老子不僅幫我們找到了人類回不了伊甸園的原因，而且他還為我們指出回歸伊甸園的道路。他的「各復歸其根」，就是要我們回歸自己的本性。「歸根曰靜」，靜就是回歸空無的狀態。即不再有所作為了。沒有了作為，就不再啟動認識的程式，這樣生命就回復到沒有啟動認識程式前的狀態。我們來看我們經常使用的電腦，電腦使用多了，久而久之就中木馬病毒了。嚴重的，怎麼也去不掉這個病毒。我們常採用的治療方法，就是將所有以前輸入的東西全部洗去，剩下的就是電腦原裝的程式，這樣，電腦就復原了。這個原理，就是老子說「為道日損，損之又損，直至無為」的方法。你把那套認識的程式損到不起作用了。就是說，它不再對現象做概念了，沒有了概念的意識，也就沒有物累和意累了，人就處在無矛盾的狀態，他就回歸到他的本性，這就是「歸根曰靜」。人的心性靜下來，就可悟覺到人生原來是這麼一回事：人的一切喜怒哀樂、善惡信念，爭權奪利，什麼榮華富貴，不假天日與天鬥與地鬥與人鬥，都是認識的程式在起作用，即有知的作用。如果我們悟透了這個人生常識，我們把這個認識程式關閉了，不再讓它起作用，那麼我們的人生就能容忍世界發生的一切了。哀樂不能入，生死無所謂，鬼神無所懼，你面對的，沒有任何利害關係，只是一個「表象的世界」。這樣，你的人生就很公允，沒有什麼私心偏見了。你做到了「公」，說明你已與萬事萬物融為一體了。再沒有甚麼敵人、善惡、愛好之分，也無古今中外的區別，一切現象都可以自由進入你的心靈，這樣你就是全有了。人到了全有這個地步，也可以說他的心性已包羅整個天地了，也就是包羅宇宙萬物的一切了。你已與天地為一體，無古今往來，「江山依舊在，幾度夕陽紅？」你已無物累情累等觀念，與時俱化，和光同塵，這就是道了。

這入了道的人，已沒有了生死觀念，即使沒有了肉身，他也是永生不死的。我們從老子這個描述，可以看出，要得道，就得回歸人的心性本源。如何才能回歸呢？老子的方法論很明顯：開始你要知常，知道恆常不變的道理後，你就要損無了，就不要啟動認識的程式了。到你損至無為後，就可以悟道了。他這個方法論與佛家的「空、寂」、「清淨心」殊途同歸，都是要消除認識的程式，使人的心性回到空無的狀態。這樣，心靈的窗口是敞開的，現象就自由地直接進入心性那個美的灶門，而引發出大徹大悟的鳳凰涅槃境界來。他已無所遺，無所憾，無所顧慮了，心性已與宇宙相通，悟覺到心性那個最神秘的「太極」了。人生原來是這麼回事：我們一生所要追求的，所要奮鬥的所謂價值，到頭來就是「虛無」兩字，什麼都不是。而所謂的觀念，人們賴於寄託的神，也只不過是意識程式惹的禍，是知性逼迫理性交出來的一個假設觀念，一切都是認識程式啟動後所帶來的結果。如果消除這個認識的程式，人就可以無憂無慮地生活，回到亞當與夏娃在伊甸園的日子了。這就是心性的回歸，老子「各復歸其根」的哲學洞見。幾千年來，人們一直不明白，或是不願瞭解老子「吾言甚易知，甚易行」的話，其主要原因就是不敢丟掉「我思」，不敢關閉認識的程式。人們以為，沒有了知，人就等於與動物，與石頭，與死人一般無異了。這個人生還有甚麼價值？其實，今天我們回過頭來看，老子真是「博大真人哉」！他竟在無的後面看到這個人生最高的境界。我在我的《老莊道無哲學探釋》一書說康德在知識後面看到一種驗前或說超驗的知識；說老子是在沒有知識後面看到人生最有價值的人類心性解放。如果說康德是電腦發明的鼻祖，（揭示出人類心性的認識形式，電腦的之所以可能的原理都是康德的先驗論做基礎的。）那麼老子就是排除電腦木馬病毒的能手。早在二千多年前，老子就瞭解人類這個心性的認識程式是怎樣干擾人的自由，使人生變為悲劇。康德稱他的哲學為先驗論，即我稱為形而下之下的「心性論」，他要探索在那人體之下看不見，摸不著的認識形式。康德的偉大，就是他具備一種超驗的反思能力，這種能力是以往的形而上學者所不具備的。人們喜歡說黑格爾的辯證法是抽象的抽象，即否定之否定，是理性思考之至極。然，黑格爾這個辯證，還是在經驗的知識之上，即有無之間進行論說；而康德是將經驗知識排除在外，這種反轉認識能力更高超。而老子又更進一步，把人的知識損去，直至無為，這是西方理性哲學者想也不敢想的問題。理性主義者無論如何論說，總得有個東西來做主體論述，雖然說有的對立面是無，但還是要有。沒有東西就不好論證了。老子的「博大真人哉」，其博大就在這裡：他在「夫物芸芸，各復歸其根」後面悟覺到了道，悟覺到人生最具美好的「玄牝之門[92]」。這種悟覺，可說又比康德高出一籌，已在形而上之上了。用莊子的話說叫做「無無[93]」之人了（見莊子「光耀」與「無有」的對話）。

當年老莊闡述這個道無，雖然有方法論，教你如何得道。但這個道是形而上之上的，即用意識不能說清楚的，也可說是沒有概念的。如此後世的一些智者，用自己的經驗感知，就給老莊的道套上一些概念進行論述。最讓人忍俊不禁的是中國的馬列唯物論者，說老莊俱有樸素的唯物辯證法的思想，說老莊的道是辯證的。是的，老莊是說過許多辯證的話，如柔弱勝堅強，無用有大用，無為是有為等等，但他說這些辯證，最終是不要辯證，要回歸到「直至無為」的狀態，即抵達「無無」的狀態。莊子

---

[92] 老子，《道德經》，安徽人民出版社出版，陳國慶、張養年注譯，二〇〇一年十月第一版，第二六五頁。

[93] 《莊子正宗》，華夏出版社出版，馬恆君譯著，二〇〇五年一月北京第一版，第三八二頁。

說「光耀」雖然摸不著，但看得見，只是在「有無」之間；而「無有」什麼都沒有，你摸不著，也看不見，是個「無無」。這個「無無」之人，還有什麼辯證嗎？他不可能再有甚麼辯證了。也許辯證法家會說，這就是辯證的對立統一呀，最後他不是統一在這個道上了嗎？其實，辯證法家的對立統一，其最後的統一，是要有一個概念的。如黑格爾的「上帝」，唯物論者的「物質」，這些觀念是有理性可循的。也就是說，是由理性推理、判斷出來的一個概念。而老莊這個道，是不可名的，不可說的，即沒有概念、觀念的，根本不存在對立統一。也可說辯證法家是在形而上的境界裡，而老莊則是在形而上之上。這叫做「不可同日而語」，是不可以比附的。

我在研讀康德哲學的時候，發現一個問題：理性已無法解決哲學的終極問題：一，它無法實證理念的存在；二，無法解決意志自由的問題。

康德用《實踐理性批判》和《判斷力批判》來解決其《純粹理性批判》所提出的問題，顯然有些過於牽強。如他用道德律令作為人先天固有的本質來向最高的善靠攏，最後希望得到上帝的眷顧。他以此實踐理性為信仰做保票，他的方法論與孟子的「心性」論差不多，也是「反身而誠」。然，康德這個實踐理性，只不過是從理性回歸到知性、感性的靜觀。他還是在有的層面上。即牟宗三先生說的「執的存有論」上。這樣有善就有惡，為何人的心性只有先天的善而沒有先天的惡呢？如果這樣說來，魔鬼撒旦就是捏造出來的了。正如黑格爾否認惡是不符合理性的，從而就否認惡是不符合現實的東西（黑格爾：「凡是現實的都是合乎理性的，凡是合乎理性的都是現實的[94]。」）。這是很難說得通的。其實，人從有意識那天始，主體與客體就交互作用了。有了主體與客體的對立，善惡，是非就產生了。以康德的探索而言，他其實已探到了人類心性那個根源。只是他不能丟掉那個智的東西，而又掉轉頭回到知性、感性中去。實則他的《判斷力批判》就已經點到人類本性的那個美的東西。他已看到美是沒有概念的，沒有利害關係的，沒有目的性但符合目的性的一個心性愉悅。也就是說，康德已看到自然美是不需要知性和理性的。若是康德再進一步，就達到無的境界了。我讀康德，也是不得其解，是讀了老子，才茅塞頓開，原來探源歸根到最後，就是那個「無」呀！沒有了知性和理性以後，那現象就可以自由地進入心靈，天地之大美就一一朗現了。而且他還悟覺到宇宙心——人心性中的太極。老子這個道的境界，不僅有最完善的美，而且達到最崇高的精神境界——「獨與天地精神往來」。人的心性與宇宙是同一的，是因為我們打開認識的程式，無端端把一些現象放入心性中作概念，就使它與宇宙相隔閡了。你把那些認識的東西排除出去，心性就「各復歸其

---

94 黑格爾，《小邏輯》，商務印書館出版，賀麟譯，一九八〇年七月第二版，第四三頁。

根」了，如此，「宇宙便是吾心，吾心即是宇宙」就成全了，你讓那感性直覺回歸本性，你就「感而遂通天下之故」了。

十六、老莊道無的幾點說明

康德在其三大批判哲學中，想要解決人類的四大問題：

一、我能知道什麼？

二、我應該做什麼？

三、我可以希望什麼？

四、人是什麼？

第一個問題是關於認識論的。也就是他的《純粹理性批判》所說的「先驗論」，他把人的認識能力已經說得很清楚了。我們的認識能力有多大？能認識到什麼程度？理性有什麼侷限性？他都一一點明了。也就是說，一個人所知是有限的，能知道什麼，不能知道什麼，外在與內在，都給人一個限度。最大，宇宙無限，不可求得；最小，物自體不可知，人對物不可能認識完畢。就這兩點來說，人類無論如何努力，他的認識能力是有限的，康德提出「我能知道什麼？」其實也在回答我不能知道什麼？中國目前有很多奇奇怪怪的學問，對爭論甚麼是科學，甚麼是偽科學很厲害，其實，康德的《純粹理性批判》早就對此作出界定。他的解答：「我們的知識是如何可能的？」就是辨識科學和偽科學的理論基礎。沒有經驗，科學不可能向前推進一步。

第二個問題是道德的，即人應該做什麼？不應做什麼？他有一個倫理道德。康德在他的《實踐理性批判》指出人有一個道德律令，這個道德律令使人向最高的善靠攏，命令自己不斷完善自己。這個實踐理性，也只是一「靜觀」，是否可以達到盡善盡美？康德也沒有開出絕對的保證。道德律令也只是指出應不應該？

第三個問題是關於信仰的，康德的《判斷力批判》就指出一個目的論，他的反思判斷力就調節性地圍繞這個目的性下判斷。人生是需要一個目的的，如果沒有一個目的，人生就無著落，所謂的靈魂不死，意志自由就落空了。宗教信仰的功能，就是給人心靈的一個寄託、一個希望。然，我們說希望不是現實的，信仰只是一個觀念。用一個觀念來寄託人生，能使人達致無限嗎？

瞭解了這三個問題，第四個問題人是什麼就得到解決了。人，原來是這麼回事：他的存在是有限的，他的價值表現是以追求至善為目的。

康德這四大問題，似乎已解決了人類的困境。在我們的人生中，我能知道什麼，我應該做什麼，同時我又有一個希望，可說生在這世上心安理得。人生還有什麼不滿足的呢？可是，我們仔細研究康德這三大問題，就會覺得，他的問題都是有條件限制的。能不能？應該不應該？可以不可以？這都說明人的有限性。

海德格（Martin Heidegger，一八八九年九月二十六日—一九七六年五月二十六日）對康德的四大問題很有研究，他認為上帝是不需要問這些問題的，因為上帝的能量是無限的，祂是萬能的，祂是沒有條件限制的。既然我們人要問這些問題，就證明我們人不是萬能的，他有他的侷限性。海德格由此就探索人的存在路向，在這有限的人生的存在路向。他把「此在」（Dasein）作為他探索存在的入口。就是說，海德格是從人類的有限性來探索他的存在的。人是有限的，他是不可以為所欲為的。我們中國人常說，能過上神仙的生活多好呀。神仙的生活，就是沒有條件限制的，他自由自在，就是達到絕對的自由了。哲學家們的困頓，就是他無法消除人的有限性而達至無限。人類所謂的意志自由，靈魂不死，看來就是一句空話了。康德的探索，最後一個問題，「人是什麼？」看來也沒有給出一個滿意的答案。可以說，人也是在一個有限的條件下生活的。哲學家牟宗三先生，開出一個「智的直覺」哲學，以此來圓滿其儒學的最高境界。以牟先生的說法，到了智的直覺境界，人也就是無限的了。牟先生稱此為「無執的存有論」。

我對牟先生的論說，內心是有一個疙瘩的。什麼是「無執的存有」？存有，肯定是有一個概念在。存有什麼？雖然他沒有物象，但一定有一個意象。由儒家道德教化開出的仁，就是這個意象。我稱此為意中之意，就是抽象之抽象的東西。看似無執，實際上還是有執，只是執意象而已。你道德教化，是有條件限制的知性活動，你把它與天道相聯繫，怎麼能斷絕這個關係？

我這個老莊道無哲學，不敢說對人類有什麼貢獻。但我從老莊的哲學中，看到一個問題：人要達到無限的境界，就是老莊的無，佛陀的空，心中不能存有半點的認識論。而要抵達這個境界的方法，就是取消認識的形式，不要啟動認識的程式。而且我還探究出，沒有知識，不要知識，人生不是就毫無價值了，像石頭、朽木一樣毫無反應了，而是導出一個最高的審美態度，一個人類觀賞的價值觀。這種退而「玄覽」的價值觀，雖然不是人人都適用。但至少可以為人類提供另一種生活道路。當人經歷過千辛萬苦、品嚐過什麼甜酸苦辣、榮華富貴後，他對人生的知發生了厭倦，就是說，他對能知道什麼、應該做什麼、可以希望什麼成為泡影後，他還能如何生活呢？退而作觀賞的人生就是一條道路。他沒有概念，沒有利害關係，也沒有目的性，自自然然地坐忘在無極之中，心如止水，和光同塵，與時俱往，就能「獨與天地精神往來」看到「天地之大美」。這不也是人生之一大樂事嗎？這種哲學，可以打破以理性主義為中心的枷鎖，解決人類爭端的仇恨。因為以老莊無為來說，人到了無為的地步，還有什麼爭鬥、攀比、榮華富貴呢？或許，這是人類的一個出路。我不敢奢望人類會放棄理性這個智慧的東西，但至少來說，可以為那些對觀念論失去信心的人，提供一條選擇的道路。這一條道路，並非模糊不清、神秘而不可抵達的。老子就說過：「吾言甚易知，甚易行。[95]」幾千年來，人們一直不明白老子話中的玄妙。其實這就是關閉認識的程式，不要啟動認識的程式，讓那意志的欲望徹底失去依託，從而讓感性在自由的現象中觸及心靈，由此而發出大美來的一個簡易的方法論。

康德曾在他的《純粹理性批判》一書最後一章〈純粹理性的建築術〉說：「哲學是關於一切知識與人類理性的主要目的之關係的科學，哲學家不是一個理性領域中的技術家，他本身是人類理性的立法者。在哲學一詞的這種意義上，一個人自稱為哲學家，並且自以為和只存在於理念中的模型相等，那就太過於自負了。[96]」康德此話表明，沒有那一個人，可以做到與他的理念模型相等的位置上。也可以說，理念只是

[95] 老子，《道德經》，安徽人民出版社出版，陳國慶、張養年注譯，二〇〇一年十月第一版，第一七三頁。

[96] 康德，《純粹理性批判》，華中師範出版社出版，韋卓民譯，二〇〇二年七月第二版，第六九〇—六九一頁。

理性主使要求建立的一個美好家園的設想、架構，一個自稱為哲學家的人說他實現了這個理念就未免太過於自負了。這也是康德，包括所有理性主義者的一個缺陷。他們一定要用意識來詮釋這個什麼理念、理想，人怎麼可以全而圓滿呢？唯一的辦法就是「無為」，「各復歸其根」。只有回歸到其本體，其本是其所是的本性，沒有參雜任何意識，任何經驗性的概念，才能成全吾的宇宙心。

康德惇惇以求，企圖用他的三大批判哲學建立一個完整的人類學家園，為人類打造一個「純粹理性的建築術」。正如他所說的，由於理性的二律背馳，他本人也不可能做到與那理念的模型相等。因此他的理念是有點強人所難的。

本人天生就一個愚人之心，正好切中老莊道無哲學的感悟，於是產生出這套哲學來。我不敢說為人類這個偉大的建築術增添什麼磚瓦，但為那些無信仰者，惘然無所追求者提供一個心靈安住所是可以做到的；亦可以為那些惇惇以求，最後對理念失去信心的迷惘者提供一條道路。這個無為哲學，並非理性主義者想像的那樣：沒有知識，不要知識，人就與石頭、死人沒有什麼兩樣了，實則並非如此。我的探源歸根努力，就是要證明這點：人在無為以後，他是可以有整個心靈愉悅的出現的。這就是「天地之大美」的人類最高審美境界，也是天人合一的最高境界。我敢說，我已找到一把通往上帝伊甸園緊鎖大門的鑰匙，由亞當與夏娃當初的無知再回復到無知，除此之外，別無它法。這把鑰匙不是掌握在上帝手裡，而是掌握在我們自己的手中。

也許有人會說，我這是號召人們回到老子「雞犬之聲相聞，民至死不相往來[97]」的荒蠻時代。沒有知識，不要知識，這是人類生存的世界嗎？我的主張，並非要人一出生就這樣無知下去，而是人的後半生，在「知常曰明[98]」後，而「各復歸其根[99]」，再回到無為中去。這種哲學，只是解決終極問題，而不問其生來如何？人生之所以能隨易而安，最後進入老子「沒身不殆」的道，這就是人類最大的福音了。孔子說：「朝聞道，夕死可矣[100]。」人生還有什麼值得如此嗎？早晨聞道，晚上死去也沒有什麼遺憾了。這是何等的人生？他已把所有的人生價值悟透了，明瞭了人是怎麼

97 老子，《道德經》，安徽人民出版社出版，陳國慶、張養年注譯，二〇〇一年十月第一版，第二七六頁。

98 老子，《道德經》，安徽人民出版社出版，陳國慶、張養年注譯，二〇〇一年十月第一版，第二六六頁。

99 老子，《道德經》，安徽人民出版社出版，陳國慶、張養年注譯，二〇〇一年十月第一版，第二六六頁。

100 《論語》，藍天出版社出版，二〇〇六年八月第一版，第六五頁。

一回事。用莊子的話說，他已達到「朝徹[101]」的地步，坐忘在無極之中，與宇宙容為一體了。人生，不瞭解自己是怎麼一回事，不知自己何所為，最後還回不到自己的那個根，那可就枉費一生了。我的探源歸根，最終探出人生的真諦：原來所謂的知——意識，只不過是現象經過我們認識程式的加工品，意識越多，心性就被佔據很多位置，他的心性就不全了。唯一的辦法就是讓心性空無。老莊與佛陀，就點明了這個人類的奧祕。身心沒有半點的客體物象的概念，沒有半點的意識，他是空無的。這就是全了，也就是其是其所是了。所謂的「鳳凰涅槃」，這個最高的智慧，就是回歸其本真。讓感性直覺達致心性的太極，他就「感而逐通天下之故」了，原來那個心性，本就包含宇宙世界的一切，「宇宙便是吾心，吾心即是宇宙」一通百通，無極而太極，頓悟人生的一切，與道同在而「沒身不殆」了。

101 《莊子正宗》，華夏出版社出版，馬恆君譯著，二〇〇五年一月北京第一版，第一一三頁。

跋

寫完此書，我對哲學問題也沒有甚麼話可說了。我的《老莊道無哲學探釋》一書出版後，有讀者覺得很費解。老莊的無為，佛陀的空寂，確是讓有知者費解。因為，正如莊子說的「無有」，我們看不見，摸不著，他甚麼都沒有，是個「無無」之人，我們如何描繪、論述他呢？因此，把這一哲學問題說清楚講明白，就促成我寫作此書的一個心願。在我完成此書大概框架時，有一個美國博士朋友來訪，他是道教哲學博士。我把康德概念在先，認識在後的「先驗論」打個比方說出來。我說：「在我還沒有認識你之前，我就有你的概念了。」他聽了後，對我凝視良久，很婉轉地對我說：「研究德國哲學的人，有很多人神經都不正常。」他差一點就直接說出我是神經病。我聽了笑笑，不要說一般人，就連這位道教哲學博士，也認為我此話極其荒誕，是不通情理的。通常我們人是先對事物進行推理判斷，然後才得出概念，不可能說我還沒有認識你之前，就有你的概念？早在此之前，我已領會過一次教訓：一位女基督教徒向我宣揚上帝。我對她說，我知道上帝是怎麼一回事。她聽後把我痛批一頓，然後說：「你比牛頓聰明嗎？」我很明白她所說的話：科學家牛頓那麼聰明絕頂，他都信上帝了，你黃鶴昇算老幾？竟敢說知道上帝是怎麼一回事。我很理解她對我的鄙夷和不屑一顧。其實，最具聰明的人，也少有人知道哥倫布是如何把雞蛋立起來的簡單道理。當年陸象山先生說出「六經注我」時，有誰能解其中意？博士先生和基督女士，只知道用形而上學的思辯，用「量智」去作猜度，而沒有再再反轉，用「性智」作體悟。我的反轉，是達到莊子「朝徹」的地步的。我們今天來看哲學的問題，再用形而上學思辨來解決，我認為只是炒冷飯了。用當今的話說，這種哲學的玩把，已是小兒科了。從思辯哲學去看，我的說法是不可思議的，是不正常的，是神經病的。但哲學並非抽象的思辨一途，哲學應有更深一層次的反思。我慶幸我已找到一條哲學的途徑，我並非憑空杜撰，這是根據偉大導師康德的先驗論引導出來的證明，而且有老莊、佛陀的佐證。讀者若有悟性，該體悟出我這個人類本然的心性。如此，我們才能有「已往彼岸去了，再回頭來看此生活」的禪宗悟性。

參考書目

1. 康德，《純粹理性批判》，華中師範出版社出版，韋卓民譯，二〇〇二年七月第二版。
2. 康德，《判斷力批判》，人民出版社出版，鄧曉芒譯，二〇〇二年十二月第二版。
3. 康德，《實踐理性批判》，九州出版社出版，張永奇譯，二〇〇七年一月第一版。
4. 文德爾班，《西洋哲學史》，臺灣商務印書館出版，羅達仁譯，一九九八年八月第一版。
5. 叔本華，《作為意志和表象的世界》，青海人民出版社出版，石沖白譯，一九九六年九月第一版。
6. 叔本華，《叔本華文集》，中國言實出版社出版，鐘鳴、陳小南、趙野、金玲譯，一九九六年十二月第一版。
7. 尼采，《查拉斯圖拉如是說》，文化藝術出版社出版，伊溟譯，一九八七年八月北京第一版。
8. 尼采，《尼采文集》，改革出版社出版，一九九五年十二月第一版。
9. 《唯物辯證法大綱》，人民出版社出版，李達主編，一九七六年六月第一版。
10. 艾思奇，《辯證唯物主義綱要》，人民出版社出版，一九七八年十一月第三版。

11. 黑格爾，《小邏輯》，商務印書館出版，賀麟譯，一九八〇年七月第二版。
12. 胡塞爾，《第一哲學》，商務印書館出版，王炳文譯，二〇〇六年六月第一版。
13. 泰奧多・德・布爾，《胡塞爾思想的發展》，臺灣仰哲出版社出版，李河譯，民國八十三年四月出版。
14. 詩鎞戈博，《現象學史》，正中書局印行，李貴良譯，民國六十年九月初版。
15. 馮友蘭，《中國哲學簡史》，北京大學出版社出版，一九八五年二月第一版。
16. 《牟宗三集》，群言出版社出版，一九九三年十二月第一版。
17. 《熊十力集》，群言出版社出版，一九九三年十二月第一版。
18. 《梁漱溟集》，群言出版社出版，一九九三年十二月第一版。
19. 金嶽霖，《知識論》，商務印書館出版，一九九六年六月北京第二次印刷。
20. 老子，《道德經》，安徽人民出版社出版，陳國慶、張養年注譯，二〇〇一年十月第一版。
21. 嚴靈峰，《老列莊三子知見書目》，中華叢書編審委員會出版，民國五十四年十月印行。
22. 《老子道德經河上公章句》，中華書局出版，一九九三年八月第一版。
23. 《道德經的智慧》，內蒙古大學出版社出版，丹明子編譯，二〇〇四年十月第一版。
24. 《論語》，藍天出版社出版，二〇〇六年八月第一版。
25. 《論語孟子選註》，正中書局印行，柯樹屏、萬驪編著，民國五十五年二月初版。
26. 王陽明，《傳習錄》，中州古籍出版社出版，于自力、孔徽、楊驊驍注譯，二〇〇四年一月第一版。
27. 楊國榮，《王學通論——從王陽明到熊十力》，華東師範出版社出版，二〇〇三年九月第一版。

28.薩特，《存在與虛無》，三聯書店出版社出版，陳宣良譯，一九八七年八月第一版。
29.高宣揚，《薩特傳》，三聯書店香港分店出版，一九八六年十一月香港第一版。
30.海德格，《存在與時間》，桂冠圖書股份有限公司出版，二〇〇二年二月初版三刷。
31.郭博文，《經驗與理性——美國哲學析論》，聯經出版社出版，民國七十九年四月初版。
32.《西方著名哲學家評傳》第三、六、八卷，山東人民出版社出版，一九八四年十二月第一版。
33.司馬雲傑，《大道運行論》，山東人民出版社出版，一九九二年一月第一版。
34.《大學、中庸》，華語教學出版社出版，一九九六年第一版。
35.李澤厚，《批判哲學的批判——康德述評》，三民書局股份有限公司出版，民國八十五年九月初版。
36.《莊子正宗》，華夏出版社出版，馬恆君譯著，二〇〇五年一月北京第一版。
37.《周易正宗》，華夏出版社出版，馬恆君譯著，二〇〇五年一月北京第一版。
38.孟子，《孟子》，臺灣智揚出版社出版，民國八十三年版。
39.賴永海，《中國佛教與哲學》，宗教文化出版社出版，二〇〇四年八月第一版。
40.張東蓀，《理性與良知》，上海遠東出版社出版，一九九五年六月第一版。
41.梁啟超，《中國近三百年學術史》，北京中國書店出版，一九八五年三月第一版。
42.杜維明，《現代精神與儒家傳統》，聯經出版社出版，一九九七年五月初版第五刷。
43.《雜著》〈陸九淵集〉卷二十二。
44.黃鶴昇，《老莊道無哲學探釋》，秀威資訊科技股份有限公司出版，二〇一二年九月ＢＯＤ一版。

45. 《聖經》新舊約全書和合本，無出版社名稱。

46. Immanuel Kant. *Kritik der reinen Vernunft*. Hamburg: Felix Meiner Verlag.

47. Ruediger Safranski(2009.9). *Schiller als Philosoph–Eine Anthologie*. Fischer Taschenbuch Verlag Frankfurt am Main.

Do思潮3　PA0080

宇宙心論

作　　者／黃鶴昇
責任編輯／陳思佑
圖文排版／莊皓云
封面設計／李孟瑾

出版策劃／獨立作家
發 行 人／宋政坤
法律顧問／毛國樑　律師
製作發行／秀威資訊科技股份有限公司
地址：114 台北市內湖區瑞光路76巷65號1樓
電話：+886-2-2796-3638　傳真：+886-2-2796-1377
服務信箱：service@showwe.com.tw
展售門市／國家書店【松江門市】
地址：104 台北市中山區松江路209號1樓
電話：+886-2-2518-0207　傳真：+886-2-2518-0778
網路訂購／秀威網路書店：https://store.showwe.tw
國家網路書店：https://www.govbooks.com.tw

出版日期／2014年11月　BOD一版　定價／230元

|獨立|作家|
Independent Author
寫自己的故事，唱自己的歌

宇宙心論 / 黃鶴昇著. -- 一版. -- 臺北市 : 獨立作家,
2014.11
面 ;　公分. -- (Do思潮 ; PA0080)
BOD版
ISBN 978-986-5729-47-9 (平裝)

1. 哲學 2. 宇宙論 3. 形上學

100　　103021231

國家圖書館出版品預行編目

讀者回函卡

感謝您購買本書，為提升服務品質，請填妥以下資料，將讀者回函卡直接寄回或傳真本公司，收到您的寶貴意見後，我們會收藏記錄及檢討，謝謝！

如您需要了解本公司最新出版書目、購書優惠或企劃活動，歡迎您上網查詢或下載相關資料：http:// www.showwe.com.tw

您購買的書名：________________________________

出生日期：________年________月________日

學歷：□高中（含）以下　□大專　□研究所（含）以上

職業：□製造業　□金融業　□資訊業　□軍警　□傳播業　□自由業

□服務業　□公務員　□教職　□學生　□家管　□其它_____

購書地點：□網路書店　□實體書店　□書展　□郵購　□贈閱　□其他

您從何得知本書的消息？

□網路書店　□實體書店　□網路搜尋　□電子報　□書訊　□雜誌

□傳播媒體　□親友推薦　□網站推薦　□部落格　□其他__________

您對本書的評價：（請填代號　1.非常滿意　2.滿意　3.尚可　4.再改進）

封面設計____　版面編排____　內容____　文／譯筆____　價格____

讀完書後您覺得：

□很有收穫　□有收穫　□收穫不多　□沒收穫

對我們的建議：________________________________

____

____

____

請貼
郵票

11466
台北市內湖區瑞光路 76 巷 65 號 1 樓
獨立作家讀者服務部 收

(請沿線對折寄回，謝謝！)

姓　　名：＿＿＿＿＿＿＿＿＿＿　年齡：＿＿＿＿　性別：□女　□男

郵遞區號：□□□□□

地　　址：＿＿＿＿＿＿＿＿＿＿＿＿＿＿＿＿＿＿＿＿

聯絡電話：(日)＿＿＿＿＿＿＿＿＿＿(夜)＿＿＿＿＿＿＿＿＿＿

E-mail：＿＿＿＿＿＿＿＿＿＿＿＿＿＿＿＿＿＿＿＿